Mein liebstes Gute-Nacht-Buch

Geschichten
Märchen
Lieder
Verse

mit Bildern von
Lore Hummel
Fritz Baumgarten
Herbert Lentz

Engelbert Dessart Verlag · München

Die Deutsche Bibliothek – CIP-Einheitsaufnahme

Mein liebstes Gute-Nacht-Buch:
Geschichten, Märchen, Lieder, Verse / mit Bildern von Lore Hummel ... –
München : Dessart, 2000
ISBN 3-89050-471-X
NE: Hummel, Lore

© Copyright 2000 Middelhauve Verlags GmbH
für Engelbert Dessart Verlag, D-81675 München,
Alle Rechte vorbehalten, auch die des auszugsweisen Abdrucks,
gleich welcher Medien

Printed in Germany

ISBN 3-89050-471-X

Guten Abend, gut' Nacht

Worte: volkstümlich
Weise: Johannes Brahms

1. Guten Abend, gut' Nacht, mit Rosen bedacht, mit Näglein besteckt, schlupf unter die Deck: Morgen früh, wenn Gott will, wirst du wieder geweckt, morgen früh, wenn Gott will, wirst du wieder geweckt.

2. Guten Abend, gut' Nacht, von Englein bewacht, die zeigen im Traum dir Christkindleins Baum: Schlaf nun selig und süß, schau im Traum 's Paradies, schlaf nun selig und süß, schau im Traum 's Paradies.

Schneewittchen

Es war einmal mitten im Winter. Da saß eine Königin am Fenster und nähte. Sie wünschte sich ein Kind. Bald darauf bekam sie ein Töchterchen, das war so weiß wie Schnee, so rot wie Blut und so schwarzhaarig wie Ebenholz und ward darum Schneewittchen genannt. Und wie das Kind geboren war, starb die Königin. Über ein Jahr nahm sich der König eine andere Gemahlin. Es war eine schöne Frau, aber sie war stolz und hochmütig und konnte nicht leiden, dass sie an Schönheit von jemand übertroffen werden sollte. Sie hatte einen wunderbaren Spiegel. Wenn sie

vor ihn trat und fragte: „Wer ist die Schönste im ganzen Land?", so antwortete der Spiegel: „Frau Königin, Ihr seid die Schönste im Land." Da war sie zufrieden. Schneewittchen aber wuchs heran und wurde immer schöner. Als die Königin wieder einmal ihren Spiegel fragte, antwortete er: „Frau Königin, Ihr seid die Schönste hier, aber Schneewittchen ist tausendmal schöner als Ihr."

Da erschrak die Königin. Sie wollte Schneewittchen töten lassen. Der Jäger aber hatte Mitleid und ließ es davonlaufen. Es lief, bis es Abend wurde. Da fand es ein kleines Häuschen. Es trat ein, legte sich in ein Bettchen und schlief ein. Als es dunkel geworden war, kamen die Herren des Häuschens, die sieben Zwerge, von der Arbeit heim und fanden Schneewittchen in dem Bette schlafend. Schneewittchen blieb bei den sieben Zwergen und hielt ihnen das Haus in Ordnung.

Als die Königin wieder einmal ihren Spiegel fragte, antwortete dieser: „Frau Königin, Ihr seid die Schönste hier, aber Schneewittchen über den Bergen bei den sieben Zwergen ist tausendmal schöner als Ihr." Da merkte sie, dass der Jäger gelogen hatte, und sann aufs Neue, wie sie es umbringen könnte. Sie verkleidete sich als Bäuerin und bot Schneewittchen einen vergifteten Apfel an. Kaum hatte Schneewittchen einen Bissen davon im Mund, so fiel es tot zur Erde nieder.

Als die Zwerge abends nach Hause kamen, fanden sie Schneewittchen auf der Erde liegen. Sie legten es in einen Glassarg und bewachten ihn. Es geschah aber, dass der Königssohn in den Wald geriet. Die Zwerge überließen ihm den Sarg. Als er ihn durch seine Diener forttragen ließ, stolperten sie, und der giftige Apfelschnitz fuhr aus dem Hals und Schneewittchen ward wieder lebendig. Der Königssohn nahm Schneewittchen mit auf sein Schloss als seine Gemahlin.

Zu dem Hochzeitsfest wurde auch die gottlose Stiefmutter eingeladen. Sie wollte die junge Königin sehen. Wie sie in den Saal trat, erkannte sie Schneewittchen. Die Königin konnte sich vor Angst nicht regen; nachher tanzte sie so lange, bis sie tot zur Erde fiel.

nach Brüder Grimm

Auf dem Berge

Da droben auf dem Berge,
da ist der Teufel los.
Da zanken sich vier Zwerge
um 'nen Kartoffelkloß.

Der Erste will ihn haben,
der Zweite lässt nicht los,
der Dritte fällt in'n Graben,
dem Vierten platzt die Hos'.

volkstümlich

Abend wird es wieder

Worte: Hoffmann von Fallersleben
Volkstümlich

1. A-bend wird es wie-der: Ü-ber Wald und Feld
säu-selt Frie-den nie-der und es ruht die Welt.

2. Nur der Bach ergießet
sich am Felsen dort,
und er braust und fließet
immer, immer fort.

3. So in deinem Streben
bist, mein Herz, auch du;
Gott nur kann dir geben
wahre Abendruh!

Die Sterntaler

Es war einmal ein armes kleines Mädchen, das seine Eltern beide verloren hatte und nichts mehr besaß auf der Welt: kein Dach über dem Kopf gegen Regen und Wind, kein Zimmer zum Wohnen und kein Bett zum Schlafen. Es war so arm, dass ihm nur noch die Kleider gehörten, die es anhatte, und ein Stück Brot, das es von einem mitleidigen Menschen gegen den ärgsten Hunger geschenkt bekommen hatte.
Aber es hatte ein weiches Herz und war gut zu allen Menschen. Und weil es so ganz einsam und verlassen war, wanderte es hinaus in die Welt und hoffte auf Gottes Schutz und Fürsorge.
Da begegnete ihm ein armer Mann, der sagte: „Ich bin so hungrig, hast du nichts zu essen für mich?"
Und das Mädchen gab ihm sein Brot.
Dann kam ihm ein Kind entgegen, das hielt sich mit den Händen die rot gefrorenen Ohren und sagte: „Huh, mich friert so. Hast du nichts, womit ich mich wärmen kann?"
Und das Mädchen gab ihm seine Mütze.
Etwas später kam ihm wieder ein Kind entgegen, das hatte keine Strickjacke und fror sehr. Da gab ihm das Mädchen seine Jacke.
Schließlich verschenkte es auch noch seinen Rock. Jetzt hatte es nur noch ein Hemd an, und so lief es weiter in den Wald hinein. Als es Nacht wurde, begegnete ihm noch ein Kind, das hatte kein Hemd, und das Mädchen dachte, hier im dunklen Wald kann mich keiner sehen, und verschenkte sein letztes Kleidungsstück.
Und als es nun so nackt und allein im finstern Wald stand, da fielen auf einmal die Sterne vom Himmel, und es waren lauter Goldstücke. Und das Mädchen merkte, dass es ein ganz neues Hemd anhatte aus feinstem weißen Stoff, und es sammelte darin die Goldstücke auf. Und nie wieder in seinem Leben musste es hungern oder frieren.

Brüder Grimm

Friedrichs Traumreise

Als Friedrich zu Bett gegangen war, berührte der Sandmann mit seinem kleinen Zauberstab alle Möbel in der Stube, und sogleich fingen sie an zu plaudern.

Über der Kommode hing ein großes Gemälde in einem vergoldeten Rahmen, das war eine Landschaft. Man sah darauf große, alte Bäume, Blumen im Grase und einen großen Fluss, der um den Wald herumfloss, an vielen Schlössern vorbei, und weit hinausströmte in das wilde Meer.

Der Sandmann berührte mit seinem Zauberstabe das Gemälde, und da begannen die Vögel darauf zu singen, die Baumzweige bewegten sich und die Wolken zogen weiter, man konnte ihren Schatten über die Landschaft hin erblicken.

Nun hob der Sandmann den kleinen Friedrich gegen den Rahmen empor und stellte seine Füße in das Gemälde, gerade in das hohe Gras, und da stand er, die Sonne beschien ihn durch die Zweige der Bäume. Er lief hin zum Wasser und setzte sich in ein kleines Boot, das dort lag. Es war rot und weiß angestrichen, das Segel glänzte wie Silber und sechs Schwäne, alle mit Goldkronen um den Hals und einem strahlenden blauen Stern auf dem Kopf, zogen das Boot an dem grünen Walde vorbei, wo die Bäume von Räubern und Hexen und die Blumen von niedlichen kleinen Elfen und von dem, was die Schmetterlinge ihnen gesagt hatten, erzählten.

Die herrlichen Fische mit Schuppen wie Silber und Gold schwammen dem Boote nach; mitunter machten sie einen Sprung, dass es im Wasser plätscherte, und Vögel, rot und blau, klein und groß, flogen in langen Reihen hinterher, die Mücken tanzten und die Maikäfer sagten: „Bu, bum!" Sie wollten Friedrich alle folgen und alle hatten sie eine Geschichte zu erzählen.

Bald segelte Friedrich durch Wälder, bald durch große Säle oder mitten durch eine Stadt; er kam auch durch die, in der sein Kindermädchen wohnte. Es hatte ihn getragen, als er noch ein ganz kleiner Knabe war, und war ihm immer gut geblieben. Sie nickte und winkte und sang ein Lied zu ihm hinüber.
Alle Vögel sangen mit, die Blumen tanzten auf ihren Stielen und die alten Bäume nickten, gerade als ob der Sandmann ihnen Geschichten erzählte.

Hans Chr. Andersen

Die Elfe

Libellenflügel dünn wie Luft,
ein Kleid wie Spinnweb fein,
das Stimmchen süß
wie Blütenduft:
Das muss die Elfe sein.

Eva Spaeth

Zwerge

Zwerge gibt es nicht nur sieben,
die Schneewittchen damals fand;
fleißige Wichtelmänner schieben
Bergwerksloren durch das Land,
wo nach hellem Gold sie graben
in der Berge Dunkelheit,
wo sie ihre Höhlen haben,
doch sieht man sie zu keiner Zeit.

Eva Spaeth

Der gute Onkel Mond

Am dunklen Himmel wohnt
der gute Onkel Mond.
Er zwinkert übern Wolkensaum
und blinzelt durch den Apfelbaum:
Ulrikchen, gute Nacht!

Alter Kinderreim

Der Sandmann

Es gibt niemand in der ganzen Welt, der so viele Geschichten weiß wie der Sandmann! Er kann ordentlich erzählen.
Gegen Abend, wenn die Kinder noch am Tische oder auf ihrem Schemel sitzen, kommt der Sandmann; er kommt die Treppe sachte herauf, denn er geht auf Socken; er macht ganz leise die Türen auf und, husch, da streut er den Kindern Sand in die Augen hinein, und das so fein, so fein, aber immer genug, dass sie die Augen nicht offen halten und ihn deshalb auch nicht sehen können. Er schleicht sich gerade hinter sie, bläst ihnen sachte in den Nacken, und dann werden sie schwer im Kopf. Aber es tut nicht weh, denn der Sandmann meint es gut mit den Kindern; er will nur, dass sie ruhig sein sollen, und das sind sie am schnellsten, wenn man sie zu Bette gebracht hat; sie sollen still sein, damit er ihnen Geschichten erzählen kann.
Wenn die Kinder nun schlafen, setzt sich der Sandmann auf ihr Bett. Er ist gut gekleidet; sein Rock ist von Seidenzeug, aber es ist unmöglich zu sagen, von welcher Farbe, denn er glänzt grün, rot und blau, je nachdem er sich wendet. Unter jedem Arm hält er einen Regenschirm.
Den einen, mit Bildern darauf, spannt er über die guten Kinder aus, und dann träumen sie die ganze Nacht die herrlichsten Geschichten; auf dem andern ist durchaus nichts, den stellt er über die unartigen Kinder. Dann schlafen die und haben am Morgen, wenn sie erwachen, nicht das Allergeringste geträumt.

Hans Chr. Andersen

Sandmännlein

Sandmännlein sitzt beim Abendschein
mit Sack und Träumekasten
im Blumengärtchen hinterm Haus,
will noch ein wenig rasten,
denn wenn der Mond am Himmel steht,
dann hat es viel zu tun,
bis all die Kinder groß und klein
in ihren Betten ruhn.

Lore Hummel

Hört, ihr Herrn

1. Hört, ihr Herrn,
und lasst euch sagen,
unsre Glock hat zehn geschlagen:
Zehn Gebote setzt Gott ein,
gib, dass wir gehorsam sein!

2. Hört, ihr Herrn,
und lasst euch sagen,
unsre Glock hat elf geschlagen:
Elf der Jünger blieben treu,
hilf, dass wir im Tod ohn Reu!

3. Hört, ihr Herrn,
und lasst euch sagen,
unsre Glock hat zwölf geschlagen:
Zwölf, das ist das Ziel der Zeit,
Mensch, bedenk die Ewigkeit!

4. Hört, ihr Herrn,
und lasst euch sagen,
unsre Glock hat eins geschlagen:
Ist nur ein Gott in der Welt,
ihm sei all's anheim gestellt.

Refrain:
Menschenwachen
kann nichts nützen,
Gott muss wachen,
Gott muss schützen;
Herr, durch deine Güt und Macht
gib uns eine gute Nacht.

Nachtwächterrufe
aus Franken

Müde bin ich, geh zur Ruh

Müde bin ich, geh zur Ruh,
schließe beide Äuglein zu.
Vater, lass die Augen dein
über meinem Bette sein.

Alle, die mir sind verwandt,
Gott lass ruhn in deiner Hand.
Alle Menschen, groß und klein,
sollen dir befohlen sein.

Luise Hensel

Die kluge Bauerntochter

Es war einmal ein Bauer, der so arm war, dass er keinen Flecken Land mehr besaß, den er hätte bestellen können. Er hatte aber eine kluge Tochter und die riet ihm, den König um ein Stück Land zu bitten.
Der Bauer trug dem König seine Armut vor und der König hatte Mitleid und schenkte ihm ein Stückchen Grasland. Als der Bauer und seine Tochter es umpflügten, fanden sie in der Erde einen goldenen Mörser. Der Bauer, der ein ehrlicher Mann war, sagte: „Den müssen wir dem König geben." Doch die Tochter riet ihm ab: „Wenn du ihn zum König bringst, wird er dich fragen: ‚Und wo ist der Stößel dazu?' Und dann kannst du sehen, wie du den Stößel herbeischaffst. Sei lieber still und behalte es für dich."
Doch der Bauer hörte nicht auf seine Tochter, sondern brachte den goldenen Mörser zum König. Der König nahm den Mörser an sich, betrachtete ihn und sagte dann: „Wo ist der Stößel? Du hast doch sicher auch den Stößel gefunden?"
Der Bauer schüttelte den Kopf, aber der König glaubte ihm nicht und ließ ihn ins Gefängnis werfen. Da sollte er bleiben, bis er den Stößel herbeigeschafft hätte.

Im Gefängnis erinnerte sich der Bauer des klugen Rates seiner Tochter und bereute seine Dummheit sehr. Er fing an zu klagen und rief immer wieder laut: „Ach, hätt' ich meiner Tochter nur geglaubt!"

Als man dem König davon erzählte, fragte er den Bauern, warum er denn auf seine Tochter hätte hören sollen, und da erzählte ihm der Bauer, was seine Tochter ihm vorausgesagt hatte, wenn er den Mörser zum König bringen würde.

„Wenn deine Tochter so klug ist, möchte ich sie gerne kennen lernen", sagte der König und die Bauerntochter wurde aufs Schloss gerufen.

„Ich werde dir eine Rätselaufgabe stellen, und wenn du sie lösen kannst, will ich dich heiraten", sagte der König zu dem Mädchen. Die Aufgabe hieß: „Du sollst zu mir kommen, nicht bekleidet und nicht nackt, nicht geritten und nicht gefahren, nicht im Weg und auch nicht außerhalb des Weges."

Die Bauerntochter nickte lächelnd und ging nach Hause. Dort zog sie sich aus und wickelte sich in ein Fischernetz, so dass sie nicht bekleidet war, aber auch nicht nackt. Dann band sie das Netz einem Esel am Schwanz fest, damit er sie ziehen könne und sie weder geritten noch gefahren kam. Und der Esel lief im Fahrgleis und schleppte sie hinterher und sie kam nur mit der großen Zehe auf die Erde, so dass sie weder im Weg noch außerhalb des Weges war. Als der König sie kommen sah, war er mit der Lösung des Rätsels einverstanden, befreite ihren Vater aus dem Gefängnis und hielt Hochzeit mit ihr.

Ein paar Jahre später trug sich Folgendes zu: Bauern kamen mit Ochsen und Pferdekutschen auf den Schlosshof gefahren und boten dort Holz und andere Waren zum Kauf an. Ein Bauer hatte drei Pferde bei sich und in der Nacht bekam das eine ein Füllen. Das Füllen aber lief davon und legte sich bei einem Ochsengespann nieder. Am nächsten Morgen suchte der Pferdebauer sein Füllen und fand es bei den Ochsen und sagte: „Es gehört mir." Der Ochsenbauer aber sagte: „Es gehört mir."

Sie fingen einen so heftigen Streit an, dass es bis zum König drang und er um einen Schiedsspruch gebeten wurde. Der König sagte: „Wo das Füllen gelegen hat, da gehört es auch hin." Und so kam der Ochsenbauer billig zu einem Pferdefüllen. Der Pferdebauer fühlte sich schwer betrogen, und weil er von der Klugheit und Freundlichkeit der Königin gehört hatte, ging er zu ihr und bat sie um Hilfe. Die Königin sagte: „Ich will dir einen guten Rat geben, aber du darfst nicht verraten, von wem du ihn bekommen hast."

Das versprach der Bauer und die Königin sagte: „Stell dich morgen früh auf die Straße, wo der König vorbeikommt, wenn er zur Parade geht, und

nimm ein großes Fischernetz und tu so, als ob du auf der Straße fischen würdest. Und wenn der König dich fragt, was du da tust, sagst du: ‚Ich fische.' Und wenn er dann sagt, es sei aber doch gar kein Wasser da und deshalb auch keine Fische, dann antwortest du: ‚So gut wie ein Ochse ein Füllen bekommen kann, kann ich auch auf der trockenen Straße Fische fangen.'"

Am anderen Morgen tat der Mann, was ihm die Königin geraten hatte, und der König kam tatsächlich vorbei und fragte ihn, was er da tue und wie er fischen könne, wo gar kein Wasser sei. Als er die Antwort des Bauern hörte, sagte er: „Wer hat dir das gesagt? So etwas Kluges ist dir doch nicht selbst eingefallen."

Doch der Bauer wollte nicht zugeben, woher er den Satz hatte. Da ließ ihn der König abführen und ins Gefängnis bringen und den ganzen Tag verhören. Schließlich sagte der Bauer: „Die Königin hat es mir gesagt."

Da ging der König wütend nach Hause zu seiner Frau und sagte: „Du kannst wieder zurück in dein Bauernhaus gehen, wenn du deine Klugheit gegen mich gebrauchst. Ich will dich nicht mehr zur Frau."

Die Königin versprach ihm, am nächsten Morgen zu gehen, bat ihn aber, dass sie sich das Liebste hier im Schloss mitnehmen dürfe. Das erlaubte ihr der König und er hatte auch nichts dagegen, den Abend als Abschiedsabend mit ihr zu feiern und gut zu essen und Wein zu trinken. Die Königin mischte ihm einen starken Schlaftrunk, sodass er schon bald in tiefen Schlummer fiel. Dann rief sie zwei Diener und die mussten den König in ihren abfahrbereiten Wagen tragen. Noch in der Nacht fuhr sie in das alte Bauernhaus zurück, aus dem sie vor langen Jahren gekommen war.

Als der König am Morgen aufwachte, wusste er gar nicht, wo er war. Da kam seine Frau zu ihm ans Bett, lächelte ihn an und sagte: „Du hast mir erlaubt, das Liebste, was ich habe, mit mir hierher zu nehmen, und ich habe nichts Lieberes als dich."

Da nahm der König sie in die Arme und sagte: „Wie dumm ich war, deine Liebe nicht zu erkennen."

Und sie kehrten gemeinsam ins Schloss zurück, und wenn sie nicht gestorben sind, leben sie noch heute so glücklich dort wie damals.

Brüder Grimm

Die Fee

Die Fee mit ihrem Zauberstab
gibt manchmal Wünsche frei;
doch der,
dem sie die Wünsche gab,
wird oft nicht froh dabei.

Eva Spaeth

Wer hat die schönsten Schäfchen?

Worte: Hoffmann von Fallersleben
Weise: Joh. F. Reichard

Wer hat die schöns-ten Schäf-chen? Die hat der gold-ne Mond, der hin-ter un-sern Bäu-men am Him-mel dro-ben wohnt.

Hampelmann

Schaut ihn einmal alle an,
meinen kleinen Hampelmann!
Dick sein Kopf und kugelrund,
groß die Augen, breit der Mund,
schwarz und borstig ist sein Haar,
lachen muss er immerdar.

Einen roten Rock er trägt,
blaue Hosen, wohlgepflegt,
gelbe Weste hat er an
und gar goldene Knöpfe dran.

Strümpfe, grün wie junges Gras,
seine Kleidung macht ihm Spaß!
Schuhe, prächtig schwarz lackiert,
herrlich ist er ausstaffiert.

Aber nun mal aufgepasst!
Wenn man ihn am Schnürchen fasst,
dann erst zeigt er, was er kann,
dieser kleine Hampelmann.

Hei, wie er da lustig hampelt,
mit den beiden Beinen strampelt,
Arme, Hände auch bewegt,
grad als sei er aufgeregt.

Ganz vergnügt er aber lacht,
wenn er diese Späße macht.
Strampelt, zappelt hin und her,
alles fällt ihm gar nicht schwer.
Jeder schaut ihn gerne an,
meinen kleinen Hampelmann!

K. May

Die sieben Schwaben

Vor vielen Jahren zogen die sieben Schwaben in die Stadt Augsburg ein, um sich allda Waffen machen zu lassen; denn sie gedachten, das Ungeheuer zu erlegen, welches zur selbigen Zeit in der Gegend des Bodensees übel hauste und das Schwabenland in Schrecken setzte. Der Meister führte sie in seine Waffenkammer. Es ward ein Spieß von sieben Manneslängen erstanden. Sie trugen ihn zusammen, Mann für Mann, und zogen ihres Weges weiter. Sie waren aber schon eine ziemliche Weile gegangen, da fiel's ihnen erst ein zu überlegen, welchen Weg sie einschlagen sollten nach dem Bodensee, wo das Ungeheuer hauste, das zu erlegen war. Als sie des Sees ansichtig wurden, blieben sie stehen und rissen Aug' und Mund auf.

Es war nun an der Zeit, dass sich die sieben Schwaben in Schlachtordnung stellten. Der Spiegelschwab meinte, sie sollten alle sogleich in der Reihe losziehen wie bisher, und der Knöpfleschwab gab ihm Recht und meinte, man solle keine Neuerung einführen. Aber der Allgäuer sagte, er wolle jetzt einmal der Letzte sein, denn er sei lange genug der Erste gewesen. Schließlich wurden sie aber doch einig. Ihr größtes Abenteuer hatten die sieben Schwaben noch zu bestehen.

Es sei also kund und zu wissen, wie die sieben Schwaben in den Strauß zogen, hübsch langsam voran, gegen den Busch zu, wo, wie sie meinten, der Drach' sein Nest hatte. Als sie schon ganz nahe waren, sagte der Spiegelschwab: „Mich grimmt's im Bauch und ich muss abseiten." Das wollte der Allgäuer nicht leiden, und er sagte, er solle mit den andern mitmachen. Der Spiegelschwab versetzte, er wolle ja nur spionieren gehen, wo das Tier stecke. Und wie sie nun weiter gegen den Busch vordrangen, siehe, da lag ein Has im Busch, der machte ein Männchen, erschrak und lief davon. Die sieben Schwaben aber blieben stehen ganz erstaunt und erstarrt. „Hast's gesehn? Hast's gesehn? Und es war so groß wie ein Pudelhund – wie ein Mastochs – wie ein Trampeltier", sagte einer um den andern.

„Bei Gott!", sagte zuletzt der Allgäuer, „wenn das kein Has gewesen, so weiß ich ein Pferd nicht von einem Ochsen zu unterscheiden." „Nun ja, Has hin, Has her", sagte der Spiegelschwab, „ein Bodenseehas ist halt größer und grimmiger als alle Hasen im Land." – Dieses Tiergeschlecht aber wird seit der Zeit wohl ausgestorben sein wie das Mammut.
Die Mär von der schwäbischen Hasenjagd war bis über das Meer gedrungen, man lachte und erzählte sich noch lange dieses und jenes davon.

nach Brüder Grimm

Zauberer Bimslabim

Es haust ein lust'ger Zauberer
– er ist zwar klein, doch mächtig –
in seinem Zi-Za-Zauberschloss
und fühlt sich groß und prächtig.

Der Zauberer heißt Bimslabim,
ist witzig, schlau und frech.
Aus Zucker macht er Rosenkohl
und aus Lakritzen Pech.

Lore Hummel

Die Zottelkinder

Die Kinder Hans
und Lene Picht,
die gehn mit
Zottelmähne.
Sie kämmen nämlich
niemals sich
und putzen nicht
die Zähne.

Dem Zauberer
gefällt es nicht,
das Treiben der
Geschwister Picht.
Er macht nicht
lange Faxen
und lässt ein
ganzes Tulpenbeet
auf ihren Köpfen
wachsen.

Lore Hummel

Unsere Familie

Ich heiß' Franz,
mein Bruder Hans,
Fritz heißt der Kater,
Papa der Vater,
Mama die Mutter;
die reicht uns Butter,
Milch, Brot und Wurst,
stillt Hunger und Durst.
Wir danken sehr,
bitten um mehr.

Josef Bergmann

Hans im Glück

Es war einmal ein Bauernsohn namens Hans, der seinem Herrn einige Jahre treu gedient hatte, aber dann Heimweh nach seiner Mutter bekam. Er bat den Herrn um die Auszahlung des Lohns und erhielt einen Goldklumpen, der so groß war wie sein eigener Kopf. Er knotete ihn in sein Tuch und machte sich auf den Weg nach Hause.
Das Gehen aber wurde ihm bald sehr mühsam, denn das Gold war schwer und er schwitzte und stöhnte unter der Last.
Da begegnete Hans einem Reiter auf einem schönen Pferd und sagte: „Ihr habt es gut, Ihr könnt reiten, während ich mich hier so schrecklich plage und abschleppe." „Was schleppst du denn?", fragte der Reiter.
„Ach, einen Klumpen Gold. Es ist eine rechte Last", sagte Hans.
„Wenn du mit mir tauschen willst", sagte der Reiter, „so soll es mir recht sein. Ich gebe dir gern mein Pferd für den Klumpen Gold."
„Das ist ein Angebot", sagte Hans und schlug ein. Fröhlich bestieg er das Pferd und ritt davon, aber da er das Reiten nicht gelernt hatte, warf ihn das Pferd bald ab. Da lag er im Straßenstaub und alle Glieder taten ihm weh.
Ein Bauer kam ihm mit einer Kuh entgegen, der fing ihm das Pferd wieder ein und brachte es zu ihm. Hans sagte: „Reiten macht mir keinen Spaß

mehr. Wenn ich so eine sanfte Kuh hätte wie Ihr, das würde mir schon besser gefallen. Da hat man Milch und Butter und Käse und wird wenigstens nicht abgeworfen." „Wenn's weiter nichts ist", sagte der Bauer. „Die Kuh kannst du schon haben. Gib mir nur dein wildes Pferd dafür."
„Ein guter Tausch", sagte Hans und trieb vergnügt die Kuh vor sich her.

27

Er ging ins Wirtshaus und machte für sein letztes Geld eine kräftige Brotzeit, denn Geld brauchte er jetzt ja nicht mehr, da er die Kuh hatte. Als er weiterging, wurde der Tag immer heißer, und Hans bekam fürchterlichen Durst. Da setzte er sich an den Straßenrand, um seine Kuh zu melken. Doch da er das noch nie getan hatte, war er sehr ungeschickt und bekam nur ein paar Tropfen und obendrein noch einen kräftigen Tritt von der Kuh. Wehklagend saß er da und hielt sich den schmerzenden Kopf, als ein Metzger vorbeikam, der ein Schwein mit sich führte.

„Was fehlt dir?", fragte er, und Hans erzählte ihm von seinem Missgeschick beim Melken. „Die Kuh ist zu alt zum Melken", sagte der Metzger, „die musst du schlachten." „Eine alte Kuh, was wird das schon für einen Braten geben", murrte Hans. „Wenn ich so ein fettes junges Schwein hätte wie du, das wäre schon etwas anderes."

„Kannst du haben", sagte der Metzger. „Gib mir nur deine Kuh dafür." Hans war einverstanden und zog zufrieden mit dem Schwein weiter. „Ich bin schon ein Glückskind", dachte er. „Immer wenn etwas schief geht, ist gleich Hilfe da."

Kurze Zeit später wurde Hans von einem Bauernburschen eingeholt, der eine gemästete Gans unter dem Arm trug. Er pries sie laut und ließ Hans ihren dicken Bauch befühlen, doch Hans meinte, sein Schwein sei schließlich auch nicht schlecht. Da fragte ihn der Bursche, wo er es denn her habe. Hans erzählte ihm die Geschichte mit dem Metzger.

„Ha, Metzger", sagte der Bursche. „Weißt du was? Ein Dieb war das, der hat dich betrogen. Da hinten im Dorf ist dem Bürgermeister sein Schwein gestohlen worden, und die Polizei ist schon unterwegs, um den Dieb zu fassen. Wenn sie dich mit dem Schwein erwischen, dann kommst du niemals heim zu deiner Mutter, sondern ins Gefängnis."

„Oh weh", rief Hans, „was soll ich denn bloß tun? So hilf mir doch."

„Da, nimm meine Gans und gib mir das Schwein", sagte der Bursche. „Ich kenne mich hier aus, ich werde mich schon vor den Polizisten verstecken."

Dankbar nahm Hans die Gans auf den Arm und marschierte weiter.

Schließlich kam Hans in das letzte Dorf vor seinem Heimatort, und dort traf er einen Scherenschleifer mit seinem Wagen, der sang vor sich hin und schien sehr fröhlich zu sein.

„Euch geht es gut", sagte Hans zu ihm, „dass Ihr so lustig singt. Was muss das für ein glücklicher Beruf sein."

„Ja, mir geht's gut", sagte der Scherenschleifer, „ich habe immer Geld in der Tasche. Aber dir mit deiner Gans kann es auch nicht schlecht gehen. Woher hast du sie denn?"

„Ich hab sie für ein Schwein gekriegt." – „Und das Schwein?" – „Für eine Kuh." – „Und die Kuh?" – „Die habe ich für ein Pferd eingehandelt." – „Und das Pferd?" – „Das bekam ich für einen Klumpen Gold." – „Und das Gold?" – „Das waren sieben Jahre Lohn." – „Du bist wirklich ein schlaues Kerlchen", sagte der Scherenschleifer, „du taugst zum Schleifer, dann würde es dir an nichts fehlen. Du brauchst nur noch einen guten Hirnschleifstein. Ich hab hier noch einen alten, aber er ist noch gut brauchbar. Wenn du mir deine Gans gibst, will ich ihn dir überlassen."
„Aber herzlich gern", sagte Hans und gab ihm seine Gans für den Schleifstein und einen Kiesel, den ihm der Schleifer noch zusätzlich gab.
Fröhlich pfeifend lief Hans weiter, doch schon bald wurden ihm die Steine fast so schwer wie der Goldklumpen am Anfang seiner Reise. Als er zu einem Brunnen kam, beugte er sich darüber, um einen Trunk zu nehmen, da fielen ihm die Steine in den Brunnen. Hans war glücklich, nun wieder ohne Last und Beschwernis zu sein.
Frei und ledig aller Sorgen lief er das letzte Stück Weg nach Hause zu seiner Mutter und war und blieb – Hans im Glück.

Brüder Grimm

Schlaf, mein Kind

Schlaf, mein Kind, schlaf ein!
Schließ deine Äugelein!
Sei ruhig nun und schließ sie zu,
dann hat dein liebes Herz auch Ruh!
Schlaf, mein Kind, schlaf ein!

Schlaf, mein Kind, schlaf ein!
Bald kommt der Sonnenschein,
der wecket auf die Blumen all
und Schmetterling und Nachtigall.
Schlaf, mein Kind, schlaf ein!

Schlaf, mein Kind, schlaf ein!
O schöner Sonnenschein,
so komm doch her, komm her geschwind
und weck auch auf mein liebes Kind!
Schlaf, mein Kind, schlaf ein!

volkstümlich

Sandmännchen ist gekommen

Sandmännchen ist gekommen,
hat's Kindlein mitgenommen.
Es führt die brave Liese
hinauf zur Himmelswiese.

Dort sitzen Sterne groß und klein,
die putzen ihren Sternenschein.
Ein Sternlein sagt zum Lieschen:
„Komm, tanz mit mir ein bisschen!"

Lore Hummel

Die Jahreskinder

Es war eine Mutter,
die hatte vier Kinder:
den Frühling, den Sommer,
den Herbst und den Winter.

Der Frühling bringt Blumen,
der Sommer den Klee,
der Herbst bringt die Trauben,
der Winter den Schnee.

volkstümlich

Die Zeit

Eins-zwei-drei,
im Sauseschritt
läuft die Zeit,
wir laufen mit.

Wilh. Busch

Das Lumpengesindel

Einmal sagte das Hähnchen zu seinem Hühnchen: „Es ist Herbst, die Nüsse werden reif. Komm, wir wandern auf den Berg zum großen Nussbaum und essen uns richtig satt, bevor das Eichhörnchen uns alles weggeschnappt hat."

„Ja, das ist eine gute Idee", sagte das Hühnchen.

Und am nächsten Morgen machten sie sich auf den Weg und blieben den ganzen Tag beim Nussbaum und knabberten und pickten und wurden dick und rund und sehr vergnügt. Abends wollten sie jedenfalls nicht mehr zu Fuß nach Hause gehen, und so baute das Hähnchen einen kleinen Wagen aus Nussschalen. Das Hühnchen setzte sich hinein und sagte, das Hähnchen solle sich vorspannen. Doch dazu hatte das Hähnchen gar keine Lust. Es wollte gerne den Kutscher spielen, aber selber ziehen, das wollte es ganz und gar nicht.

Mitten in ihren Streit hinein kam eine Ente angewatschelt und schnatterte: „Ihr frechen Diebe, ihr habt meine Nüsse gestohlen!" Mit aufgerissenem Schnabel ging die Ente auf das Hähnchen los, doch das hackte mit Schnabel, Krallen und Sporen so kräftig zurück, dass die Ente sich geschlagen geben musste. Zur Strafe wurde sie vor den Wagen gespannt, das Hähnchen setzte sich auf den Kutschbock und los ging die lustige Fahrt.

Nach einer Weile begegneten sie zwei Fußgängern, einer Stecknadel und einer Nähnadel. Die wollten gerne mitgenommen werden, denn es war schon dunkel und die Straße war für ihre zierlichen Füße auch viel zu schmutzig. Das Hähnchen schaute die beiden an, fand, dass sie recht mager waren und nicht viel Platz im Wagen wegnehmen würden, und sagte: „Steigt nur ein, aber tretet meinem Hühnchen und mir nicht auf die Füße."

Später kamen sie an ein Wirtshaus, und weil die Ente schon eine ganze Weile über wehe Füße klagte und immer wackeliger dahinwatschelte, beschlossen sie einzukehren. Der Wirt wollte sie nicht einlassen, weil er wohl befürchtete, sie könnten nicht bezahlen. Doch als sie ihm das Ei versprachen, das das Hühnchen unterwegs gelegt hatte, erlaubte er ihnen schließlich, in seinem Haus zu übernachten. Da bestellten sie sich das

feinste Essen und den besten Wein und ließen es sich schmecken. Als der Morgen dämmerte, weckte das Hähnchen sein Hühnchen, während im Haus noch alles schlief. Sie pickten das Ei auf und verzehrten es gemeinsam zum Frühstück und warfen die Schalen auf den Herd. Dann packten sie die schlafende Nähnadel am Öhr und steckten sie in den Polstersessel des Wirts, die Stecknadel kam in sein Handtuch und Hähnchen und Hühnchen flogen zum Fenster hinaus nach Hause. Von ihrem Flügelschlagen wachte die Ente auf, die im Hof übernachtet hatte. Sie watschelte zum Dorfbach und schwamm fröhlich davon. Als die Sonne schon wieder schien, kroch der Wirt aus den Federn, hielt seinen Kopf unters kalte Wasser und fuhr sich mit dem Handtuch über das Gesicht. Da kratzte ihm die Stecknadel einen roten Strich in die Haut von einem Ohr bis zum andern. Er ging in die Küche und wollte sich am Herd eine Pfeife anstecken, da sprangen ihm die Eierschalen ins Gesicht. Kopfschüttelnd und brummelnd setzte er sich daraufhin in seinen Sessel und fuhr ganz schnell wieder daraus hoch: Die Nähnadel hatte ihn ganz böse gepiekt, und zwar nicht in den Kopf.
Da kam dem Wirt allmählich der Verdacht, dass sein morgendliches Unglück etwas mit den Gästen zu tun haben könnte, die gestern so spät abends gekommen waren. Er sah nach ihnen und ihr Zimmer war leer. Da schwor er sich, nie mehr solches Lumpengesindel in seinem Haus aufzunehmen, das viel verspeist, nichts bezahlt und auch noch üble Streiche spielt.

_{Brüder Grimm}

Dämmerstunde

Es kommt die graue Dämmerstunde,
wo alles leiser wird und still.
Wir sitzen stumm in einer Runde,
weil Mutter uns erzählen will
von einem bunten Bilderreigen,
da ringsum alle Farben schweigen.

Jetzt steigt der Mond im Osten auf,
die ersten Sterne blinken.
Vom Fenster schauen wir hinauf,
dem Himmelsschäfer zuzuwinken.

Die Nacht zieht ihren schwarzen Mantel
schwer schleppend über Stadt und Land
und drückt die müden Augenlider
von Blumen, Tieren, Menschen nieder.
Weil sie den Schlaf für uns erfand,
sind morgen früh wir munter wieder.

Eva Spaeth

Hänsel und Gretel

Vor einem großen Walde wohnte ein armer Holzhacker mit seiner Frau und seinen zwei Kindern; das Bübchen hieß Hänsel und das Mädchen Gretel. Einmal, als große Teuerung ins Land kam, hatten sie nichts mehr zu essen. Da sprach er des Abends zu seiner Frau: „Was soll aus unseren Kindern werden, da wir für uns selbst nichts mehr zu essen haben?" „Morgen früh werden wir sie in den Wald führen und dort zurücklassen", sprach die Frau, und sie ließ ihm keine Ruhe, bis er einwilligte.

Hänsel hatte das gehört, schlich nachts vor die Haustür und sammelte Kieselsteine. Als die Eltern mit den Kindern morgens in den Wald gingen, warf Hänsel immer wieder einen Kieselstein auf den Weg. Diese leuchteten nachts im Mondschein so hell, dass die Kinder den Weg auch ohne Eltern wieder heim fanden.
Nicht lange danach sprach die Frau abermals zum Vater: „Wir haben nur noch einen halben Laib Brot. Darum wollen wir die Kinder tiefer in den Wald hineinführen, damit sie nicht wieder herausfinden." Dem Manne fiel's schwer aufs Herz, aber er willigte doch ein.

Die Kinder aber hatten das Gespräch mit angehört. Als die Alten schliefen, stand Hänsel wieder auf, wollte hinaus und Kieselsteine auflesen, aber die Frau hatte die Tür verschlossen. Am anderen Morgen erhielten sie ein noch kleineres Stück Brot als das erste Mal. Hänsel zerbröckelte es in der Tasche, stand oft still und warf ein Krümlein auf die Erde.
Die Frau führte die Kinder tiefer in den Wald hinein, und sie fanden den Heimweg nicht mehr. Die Brotbröcklein hatten die Vögel aufgepickt. Am anderen Morgen machten sie sich auf und gingen weiter. Gegen Mittag gelangten sie endlich an ein Häuslein, das aus Brot gebaut und mit Kuchen gedeckt war. Eine alte Frau kam heraus. Sie lud die Kinder ein und nahm sie mit in ihr Häuschen. Aber sie war eine böse Hexe. Sie sperrte Hänsel in einen Stall, um ihn zu mästen, und Gretel musste ihm fettes Essen kochen. Eines Morgens befahl ihr die Hexe, in den Backofen zu kriechen, um zu sehen, ob er recht eingeheizt wäre. Gretel merkte aber, was die Hexe im Sinn hatte, und sagte: „Wie komm' ich denn in den Ofen?" „Dumme Gans", sagte die Alte und machte es ihr vor. Da gab ihr Gretel einen Stoß, dass sie weit hineinfuhr, schlug die eiserne Tür zu und schob den Riegel vor. Die gottlose Hexe war eingesperrt. Gretel holte Hänsel aus seinem Stall. Im Hause fanden sie Kisten voll Gold und Edelsteinen. Davon nahmen sie mit, so viel sie tragen konnten, und machten sich auf den Heimweg. Glücklich kamen sie zu Hause an und es gab fortan keine Not mehr.

nach Brüder Grimm

Das Nusszweiglein

Es war einmal ein reicher Kaufmann, der auf eine Geschäftsreise in ferne Länder gehen musste. Als er sich von seinen drei Töchtern verabschiedete, fragte er sie, was er ihnen denn mitbringen solle.

Da sagte die älteste: „Ich möchte gerne eine schöne Perlenkette." Die zweite sagte: „Und ich einen Ring mit einem Diamanten." Die jüngste Tochter aber umarmte den Vater und sagte: „Liebster Vater, bring mir doch bitte einen Zweig von einem Nussbaum mit."

„Ich will mir alles merken", sagte der Vater, „und es euch besorgen. Nun lebt wohl."

Die Reise des Kaufmanns war erfolgreich und er dachte auch an die Wünsche seiner Töchter. In seinem Koffer lag eine wunderschöne Perlenkette für die älteste und bald fand er auch einen kostbaren Diamantring für die zweite, aber der Wunsch der dritten Tochter war nicht leicht zu erfüllen. Wie sehr er auch Ausschau danach hielt, er konnte nirgends ein grünes Nusszweiglein entdecken. Auf dem Heimweg reiste der Vater deshalb zu Fuß und wanderte durch viele Wälder, um endlich einen Nussbaum zu finden. Er war schon ganz traurig, dass er den bescheidenen Wunsch seiner Jüngsten nicht erfüllen konnte.

Endlich, als er durch einen dunklen Wald wanderte, stieß er mit seinem Hut an einen heftig raschelnden Zweig, und als er nach oben schaute, war es ein Nusszweig, an dem eine Traube goldener Nüsse hing. Da brach er ihn erfreut ab und wollte ihn sich an den Hut stecken. Aber im selben Augenblick brach ein riesiger Bär aus dem Dickicht und fuhr laut brüllend auf ihn los. „Warum hast du meinen Nusszweig abgebrochen, warum?", donnerte der Bär mit schrecklicher Stimme. „Ich werde dich dafür zerreißen!"

Zitternd sagte der Kaufmann: „Lieber Bär, friss mich nicht und lass mir diesen Nusszweig. Du sollst auch einen großen Schinken und viele Würste dafür haben."

Aber der Bär schüttelte sein zottiges Haupt. „Behalte deinen Schinken und deine Würste", brüllte er. „Nur wenn du mir versprichst, mir dasjenige zu geben, das dir zu Hause zuerst begegnet, so will ich dich laufen lassen." Da der Kaufmann wusste, dass ihm als Erstes sein Pudel entgegenzuspringen pflegte, willigte er gerne in diese Bedingung ein. Nach einem Handschlag verschwand der Bär wieder im Dickicht, und der Kaufmann zog fröhlich nach Hause.

Als er zu seinem Haus kam, wo er schon sehnsüchtig erwartet wurde, sprang ihm seine jüngste Tochter voller Ungeduld als Erste entgegen und

fiel ihm jubelnd um den Hals. Wenige Schritte hinter ihr kam der Pudel angetollt. Der Kaufmann erschrak sehr über diese Begrüßung und erzählte betrübt seiner Frau und seinen Kindern, was ihm unterwegs passiert war und welch schreckliches Versprechen er gegeben hatte. Da waren alle sehr traurig, doch die jüngste Tochter sagte: „Ich will dein Versprechen schon einlösen. Mach dir keine Sorgen, Vater." Die Mutter aber meinte: „Wenn der Bär kommt, geben wir ihm einfach die Hirtentochter mit. Er wird den Unterschied nicht merken."

Bald dachten sie nicht mehr daran und die jüngste Tochter freute sich sehr über ihr goldenes Nusszweiglein.

Eines Tages aber fuhr ein dunkler Wagen vor und der Bär entstieg ihm und forderte seinen Lohn. Da wurde schnell die Hirtentochter geholt, herausgeputzt und ihm in den Wagen gesetzt.

Als der Wagen aus der Stadt hinausfuhr, legte der Bär seinen zottigen Kopf in den Schoß des Mädchens und sagte:

> „Kraule mich, grabble mich,
> hinter den Ohren zart und fein,
> oder ich fress dich mit Haut und Bein!"

Das Mädchen fing an, ihn zu kraulen, aber sie machte es ihm nicht recht, und er merkte, dass er betrogen worden war. Er wollte sich auf die Hirtentochter stürzen, doch sie sprang gerade noch rechtzeitig aus dem Wagen auf die Straße.

Der dunkle Wagen erschien wieder vor der Tür des Kaufmanns und wütend forderte der Bär die richtige Tochter. Da umarmte das Mädchen weinend Eltern und Schwestern und stieg zu dem Bären in den Wagen. Vor der Stadt sagte der Bär wieder:

> „Kraule mich, grabble mich,
> hinter den Ohren zart und fein,
> oder ich fress dich mit Haut und Bein!"

Das Mädchen kraulte ihn und es gefiel dem Bären gut; er wurde ganz sanft und freundlich.

Nach rasender Fahrt kamen sie in einen dunklen Wald und stiegen vor einer finsteren Höhle aus. Dorthin führte der Bär das zitternde Mädchen und sagte: „Wenn du brav bist, wird es dir gut gehen und meine wilden Tiere werden dich in Ruhe lassen. Er schloss eine eiserne Tür auf, und da kamen sie in einen Raum, der voller zischender und züngelnder Giftschlangen war. Da brummte der Bär dem Mädchen ins Ohr:

> „Sieh dich nicht um,
> nicht rechts, nicht links;
> geradezu, so hast du Ruh!"

Tapfer ging das Mädchen durch das Zimmer und schaute nicht um sich. Da waren die Schlangen ruhig, bis es vorbeigegangen war. So ging es

40

noch durch zehn Zimmer und jedes war schrecklicher als das vorige. Aber in jedem sagte der Bär:

„Sieh dich nicht um,
nicht rechts, nicht links;
geradezu, so hast du Ruh!"

Nach all dem Schrecken tat sich dann auf einmal die Tür zum zwölften Zimmer auf, und da strahlte alles in hellem Licht und Musik füllte den Raum und das Mädchen wollte sich gerade nach dem Bären umdrehen, da tat es einen schrecklichen Donnerschlag, als wollte die ganze Erde zusammenstürzen. Als es wieder ruhig wurde, waren die Höhlen, der Wald und auch der Bär verschwunden. Stattdessen stand da ein prächtiges Schloss mit goldenen Zimmern und eilfertigen Dienern und der Bär war ein schöner junger Mann geworden.
Er war der Fürst dieses Schlosses und nahm seine schöne Braut in die Arme und dankte ihr für seine Erlösung und die Befreiung seiner Dienerschaft, die in all das hässliche Getier verwandelt gewesen war.
Zur Hochzeit holten sie den Kaufmann und seine Frau und die beiden älteren Töchter aufs Schloss und feierten ein großes Wiedersehensfest.
Das Nusszweiglein aber welkte nie und wurde von der jungen Fürstin immer dankbar getragen, weil es den Schlüssel zu ihrem Glück darstellte.

Ludwig Bechstein

Überraschung

Stets findet Überraschung statt
da, wo man's nicht erwartet hat.
Doch dass dieselbe überall
grad angenehm, ist nicht der Fall.

Wilh. Busch

Froschkonzert

Kommt ihr mit zum Wiesenbach?
Die Kapelle Quack und Krach
bläst dort, dass man's weithin hört,
denn am Bach ist Froschkonzert.
Jetzt mit ihrem lauten Chor
tun die Sänger sich hervor.
Hüpfebein spielt Violine,
mit der Hummel tanzt die Biene
und auch sonst schwingt noch manch eine
ihre dünnen Käferbeine.
Wenn der Abendstern nicht wär,
nähm das Fest kein Ende mehr!

Doch nun müssen wir uns trennen
von dem schönen Wiesengrund.
Horch, die zarten blauen Glöckchen
läuten schon die Abendstund.
Schau, welch wundersamer Friede;
sanft der Mond am Himmel steht.
Schneck' und Raupe ziehen müde
heimwärts, denn es ist schon spät.
Spinne wünscht: „Recht guten Abend!"
Käferlein ruft: „Gott behüt!"
Und ein kleiner bunter Falter
fliegt noch eine Weile mit.

Lore Hummel

Rotkäppchen

Es war einmal ein kleines Mädchen, das hatte jedermann lieb, am allerliebsten aber seine Großmutter. Einmal schenkte sie ihm ein Käppchen von rotem Samt, und weil ihm das so wohl stand, hieß es nur das Rotkäppchen. Eines Tages sprach seine Mutter zu ihm: „Da hast du ein Stück Kuchen und eine Flasche Wein, bring das der kranken Großmutter hinaus, lauf aber nicht vom Weg ab." Die Großmutter wohnte draußen im Wald, eine halbe Stunde vorm Dorf. Als nun Rotkäppchen in den Wald kam, begegnete ihm der Wolf. Es wusste aber nicht, was das für ein böses Tier war. Er fragte Rotkäppchen, wohin es ginge. „Zur Großmutter", sagte Rotkäppchen. Der Wolf ließ sich den Weg sagen, und während Rotkäppchen Blumen pflückte, lief er geradewegs zum Haus der Großmutter, tat so, als wenn er Rotkäppchen wäre, trat an ihr Bett und verschlang sie. Dann setzte er ihre Haube auf, legte sich in das Bett und zog die Vorhänge zu.

Als Rotkäppchen genug Blumen gepflückt hatte, machte es sich auf den Weg zur Großmutter. Als es in die Stube trat, kam es ihm so seltsam vor. Darauf ging es zum Bett und zog die Vorhänge zurück: Da lag die Großmutter und hatte die Haube tief ins Gesicht gesetzt und sah so wunderlich aus. Rotkäppchen merkte nicht gleich, dass es der Wolf war. Plötzlich machte dieser einen Satz und verschlang das arme Rotkäppchen. Als der Wolf seinen Hunger gestillt hatte, legte er sich wieder ins Bett und fing an, überlaut zu schnarchen.

Draußen ging der Jäger vorbei. „Wie die alte Frau schnarcht! Da muss ich doch mal nachsehen, was ihr fehlt." Wer aber lag im Bett und schlief? – Der böse Wolf! Erst wollte der Jäger ihn erschießen. Aber dann fiel ihm ein, er könnte die Großmutter verschluckt haben. Darum nahm er eine Schere und schnitt dem Wolf den Bauch auf. Und wer kam herausgesprungen? Das Rotkäppchen. Danach kam

auch noch die Großmutter lebendig hervor. Rotkäppchen sammelte draußen große Steine. Damit füllten sie dem Wolf den Bauch. Als dieser aufwachte, wollte er fortspringen, aber die Steine waren so schwer, dass er gleich niedersank und sich tot fiel.
Der Jäger zog ihm den Pelz ab. Die Großmutter aß vom Kuchen und trank vom Wein und erholte sich bald wieder. Rotkäppchen aber dachte: „Du willst dein Lebtag nicht wieder allein vom Weg ab in den Wald laufen, wenn dir's die Mutter verboten hat."

nach Brüder Grimm

Apfellied

In meinem kleinen Apfel,
da sieht es lustig aus,
es sind darin fünf Stübchen,
grad wie in einem Haus.

In jedem Stübchen wohnen
zwei Kerne, schwarz und fein,
die liegen drin und träumen
vom schönen Sonnenschein.

Sie träumen auch noch weiter
gar einen schönen Traum,
wie sie einst werden hängen
am bunten Weihnachtsbaum.

volkstümlich

Schäfer, sag

„Schäfer, sag, wo tust du weiden?"
„Draußen auf der grünen Heiden."
Draußen auf der grünen Heiden
tun die lust'gen Schäfer weiden.
Lustig, ja, es bleibt dabei,
lustig ist die Schäferei.

„Schäfer, sag, wo tust du schlafen?"
„In dem Pferch bei meinen Schafen."
In dem Pferch bei ihren Schafen
tun die lust'gen Schäfer schlafen.
Lustig, ja, es bleibt dabei,
lustig ist die Schäferei.

volkstümlich aus Franken

Gestern Abend

Gestern Abend um halb achte
fiel der Mond in unsern Teich.
Doch was meint ihr, was er machte?
Er stand einfach auf und lachte –
so, als wär's ihm schrecklich gleich.
Zwar war er ein wenig blasser,
aber das war nicht so wild,
denn da unten, das im Wasser,
war ja nur sein Spiegelbild.

Gustav Sichelschmidt

Schlaf, Kindchen, schlaf

Text: aus „Des Knaben Wunderhorn"
Volksweise

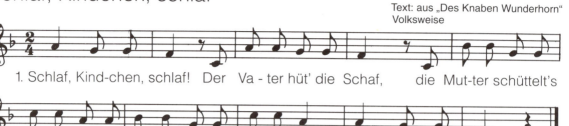

1. Schlaf, Kind-chen, schlaf! Der Va-ter hüt' die Schaf, die Mut-ter schüttelt's Bäu-me-lein, da fällt he-rab ein Träu-me-lein. Schlaf, Kind-chen schlaf!

2. Schlaf, Kindchen, schlaf!
Am Himmel ziehn die Schaf',
die Sternlein sind die Lämmerlein,
der Mond, der ist das Schäferlein.
Schlaf, Kindchen, schlaf!

Däumelinchen

Es war einmal eine Frau, die sich sehnlichst ein Kind wünschte, aber keines bekommen konnte. Da ging sie zu einer alten Hexe. Die verkaufte ihr ein Gerstenkorn und sagte, das solle sie in einen Blumentopf pflanzen und gut begießen.

Die Frau ging nach Hause und pflanzte das Gerstenkorn und es wuchs in wenigen Tagen eine wunderschöne Blume daraus. Sie öffnete sich und in der Mitte auf dem Blütenstempel saß ein winziges Mädchen. Weil es kaum so groß wie ein Daumen war, nannte die Frau es Däumelinchen.

Sie lackierte eine Walnussschale als Däumelinchens Bett, legte Veilchenblätter als Matratzen hinein und ein Rosenblatt als Bettdecke.

Eines Nachts, als Däumelinchen in seiner Nussschale schlief, kam durch das offene Fenster eine dicke alte Kröte gehüpft. „Das ist eine hübsche Frau für meinen Sohn", dachte sie und nahm die Nussschale einfach mit. Hinter dem Haus floss ein breiter Bach und an seinem sumpfigen Ufer wohnte die Kröte mit ihrem Sohn. Sie brachten das schlafende Däumelinchen auf ein großes Seerosenblatt und machten sich daran, die Krötenwohnung für die Hochzeit herzurichten.

Als Däumelinchen aufwachte und sah, dass es mitten im Wasser gefangen war, fing es sehr zu weinen an.

Das hörten die Fische im Wasser, sie versammelten sich alle unter Wasser am Stiel des Seerosenblattes und nagten ihn gemeinsam durch. Da segelte Däumelinchen den Bach hinunter, war überaus glücklich und betrachtete die Welt von seinem grünen Floß aus.

Doch da kam ein dicker brauner Maikäfer angebrummt und entführte es in den nächsten Baum. Däumelinchen erschrak fürchterlich. Der Maikäfer aber gab ihr Blütenstaub zu essen und sagte ihr immer wieder, wie hübsch sie sei, obwohl sie gar nicht wie ein Maikäfer aussehe.

Später kamen viele andere Maikäfer zu Besuch, aber sie waren gar nicht der Meinung ihres Kameraden. „Pfui, wie ist sie hässlich", sagten sie. „Sie hat ja nur zwei Beine. Und keine Fühler. Und sie ist so schlank in der Taille. Überhaupt sieht sie aus wie ein Mensch!" Als der Maikäfer das hörte, schämte er sich und sagte zu Däumelinchen, es könne nicht bei ihm bleiben. Er brachte es hinunter auf den Waldboden.

Da musste Däumelinchen sich selbst weiterhelfen. Es flocht sich ein Bett aus Grashalmen und hängte es unter einem großen Blatt auf, um vor Regen sicher zu sein. Es sammelte Blütennektar als Nahrung und trank Tautropfen und hatte ein ganz schönes Leben, solange die Sonne jeden Tag warm vom Himmel schien. Aber als der Herbst verging und es immer

49

kälter wurde, wusste Däumelinchen nicht, wo es den Winter verbringen sollte. Es irrte aus dem Wald hinaus und kam an ein Stoppelfeld und die Stoppeln waren wie riesige Bäume für das winzige Däumelinchen. Als es sich schon traurig, hungrig und müde zum Sterben hinlegen wollte, sah es den Eingang zur Wohnung der Feldmaus und klopfte schüchtern an. Die Feldmaus nahm Däumelinchen gerne für den Winter bei sich auf.

Eines Tages kam der Maulwurf zu Besuch. Er sprach schlecht von der Sonne und den Blumen, die er nie gesehen hatte, und Däumelinchen dachte, dass er sehr dumm sein müsse. Aber es sang ihm Lieder vor und der Maulwurf verliebte sich in Däumelinchens Stimme. Er erzählte der Maus und Däumelinchen von einem langen Gang, den er von seiner Wohnung bis zu ihrer gegraben hätte und den sie gerne zum Spaziergang benutzen könnten. Sie sollten sich nur nicht vor dem toten Vogel fürchten, der mitten in dem Gang liege.

Mit einem Stück faulen Holz im Maul leuchtete ihnen der Maulwurf durch den Gang. Als sie zu der Stelle kamen, wo der tote Vogel lag, stieß der Maulwurf ein kleines Loch nach oben in den Gang, sodass Tageslicht hereinfiel. Da sah Däumelinchen, dass es eine Schwalbe war, und sie tat ihm sehr Leid, weil es alle Vögel so gern hatte. Es kam in der Nacht heimlich zurück und breitete eine Decke aus Heu über dem Vogel aus, damit er wenigstens in seinem Grab warm liege. Dann sagte es: „Leb wohl, kleiner Vogel", und legte sein Köpfchen auf seine Brust. Aber da erschrak es sehr, denn es hörte das Schlagen seines Herzens. Der Vogel war gar nicht tot, nur betäubt. Däumelinchen zitterte vor Schreck, aber es freute sich auch. Am nächsten Abend war die Schwalbe schon wach, aber noch sehr schwach. Sie nickte Däumelinchen nur dankbar zu. Und dann ging es ihr jeden Tag ein wenig besser und Däumelinchen pflegte sie und brachte ihr zu essen und zu trinken. Die Schwalbe erzählte ihm, sie habe sich einen Flügel an einem Dornbusch verletzt und habe darum nicht schnell genug mit ihren Freunden nach Süden fliegen können. Irgendwann sei sie dann gestürzt und habe das Bewusstsein verloren.

Als es Frühling wurde, war die Schwalbe wieder ganz gesund.

„Komm doch mit mir", sagte die Schwalbe. „Ich nehme dich auf meinen Rücken und wir fliegen zusammen in den Wald." Aber Däumelinchen schüttelte den Kopf. Es wollte die alte Feldmaus nicht traurig machen durch sein Weggehen.

Der Sommer war nicht schön für Däumelinchen, denn der Maulwurf hatte um seine Hand angehalten. Jeden Abend kam er zu Besuch und sprach davon, dass im Herbst Hochzeit sein sollte. Und Däumelinchen war gar nicht froh darüber, denn es fand den Maulwurf schrecklich langweilig.

50

Als der Herbst kam, wurde es Däumelinchen ganz schwer ums Herz und es ging ein letztes Mal hinaus, um die Sonne zu sehen, die der Maulwurf nicht leiden konnte. Da hörte es auf einmal ein Quiwit in der Luft. Däumelinchen schaute hoch und sah seine Freundin, die Schwalbe, angeflogen kommen.
„Hallo, Däumelinchen, ich fliege vor dem Winter davon in den Süden, wo

immer die Sonne scheint und die Blumen blühen", rief die Schwalbe.
Da fing Däumelinchen zu weinen an und erzählte, dass es morgen den Maulwurf heiraten müsse und er ihm nie wieder erlauben würde, ans Tageslicht zu kommen.

„Flieg doch mit mir", sagte die Schwalbe. „Du hast mir das Leben gerettet, jetzt will ich das deine retten vor der ewigen Finsternis." Da setzte sich Däumelinchen auf den Rücken der Schwalbe, kuschelte sich in das warme Federkleid und ließ sich davontragen in den warmen Süden.

Es war eine lange Reise, aber endlich kamen sie an einen See, an dem ein weißes Schloss stand, und in dem Schloss hatte die Schwalbe ihr Nest. Auf der Wiese vor dem Schloss wuchsen herrliche Blumen.

Als Däumelinchen auf einer der Blumen landete, staunte es, denn in ihr saß ein winziger Prinz, nicht viel größer als es selbst, mit einer Goldkrone auf dem Kopf und feinen Libellenflügeln an den Schultern. Er begrüßte Däumelinchen mit großem Entzücken und zeigte ihm, dass in allen Blumen kleine Feen und Elfen lebten.

„Aber keine ist so schön wie du", sagte er. „Willst du meine Frau werden?" Das war ein anderer Bräutigam als der Sohn der Kröte oder der Maulwurf und Däumelinchen sagte lächelnd ja.

Da setzte er ihm die Goldkrone auf und ließ ihm ein Paar feiner weißer Flügel bringen und die Schwalbe hob sich jubelnd in die Luft und sang das schönste Hochzeitslied.

nach Hans Chr. Andersen

Leise, Hänschen

Schlafe, Hänschen, schlafe,
Schlaf ist keine Strafe,
löst die müden Glieder,
schließt die Augenlider.
Schlafe, Hänschen, schlafe!

Leise, Hänschen, leise,
Nacht zieht ihre Kreise.
Dunkel werden Felder,
Gartenwege, Wälder.
Leise, Hänschen, leise!

Träume, Hänschen, träume,
Mond guckt durch die Bäume,
sieht dich Jungen schlafen,
unsren lieben, braven.
Träume, Hänschen, träume!

Josef Bergmann

Der Wolf und die sieben jungen Geißlein

Es war einmal eine alte Geiß, die hatte sieben junge Geißlein. Eines Tages ging sie in den Wald, um Futter zu holen, da rief sie alle herbei und sprach: „Liebe Kinder, ich will hinaus in den Wald, seid auf eurer Hut vor dem Wolf, lasst niemanden herein. Der Bösewicht verstellt sich oft, aber an seiner rauen Stimme und an seinen schwarzen Pfoten werdet ihr ihn gleich erkennen."

Es dauerte nicht lange, so klopfte jemand an die Haustür und rief: „Macht

auf, ihr lieben Kinder, eure Mutter ist da." Aber die Geißerchen hörten an der rauen Stimme, dass es der Wolf war. „Wir machen nicht auf!", riefen sie, „du bist unsere Mutter nicht, die hat eine feine, liebliche Stimme." Da ging der Wolf fort zu einem Krämer und kaufte sich ein Stück Kreide; die aß er und machte damit seine Stimme fein. Dann kam er zurück und klopfte an die Haustür. Aber er hatte seine schwarze Pfote ans Fenster gelegt, das sahen die Kinder und riefen: „Du bist der Wolf." Da lief er zu einem Bäcker, der musste ihm Teig auf den Fuß streichen und der Müller Mehl darüber streuen. Nun ging der Bösewicht zum dritten Mal zu der Haustür und sprach: „Macht auf, ihr Kinder, euer Mütterchen ist heimgekommen." Er legte seine Pfote ins Fenster, und als sie sahen, dass sie weiß war, machten sie die Türe auf. Wer herein kam, das war der Wolf. Sie erschraken und wollten sich verstecken. Aber der Wolf fand sie und schluckte eins nach dem anderen hinunter. Nur das Jüngste, das in den Uhrkasten gesprungen war, fand er nicht. Als der Wolf seinen Hunger gestillt hatte, trollte er sich fort, legte sich draußen auf der Wiese unter einen Baum und schlief ein.

Nicht lange danach kam die alte Geiß wieder heim. Ach, was musste sie da erblicken! Sie suchte ihre Kinder, aber nirgends waren sie zu finden. Endlich rief eine feine Stimme: „Liebe Mutter, ich stecke im Uhrkasten." Sie holte es heraus und es erzählte, was vorgefallen war.

Da ging sie in ihrem Jammer hinaus. Als sie auf die Wiese kam, lag der Wolf unter einem Baum und schnarchte. Da musste das Geißlein Schere, Nadel und Zwirn holen. Dann schnitt sie dem Ungetüm den Bauch auf und kaum hatte sie einen Schnitt getan, so sprangen nach und nach alle sechs Geißlein heraus. Das war eine Freude. Dann schleppten sie Wackersteine herbei und füllten damit dem Wolf den Bauch und die Alte nähte ihn wieder zu.

Als der Wolf ausgeschlafen hatte, wollte er seinen Durst am Brunnen stillen. Wie er sich über das Wasser bückte und trinken wollte, da zogen ihn die schweren Steine hinein und er musste jämmerlich ertrinken.

nach Brüder Grimm

Es regnet

Es regnet, es regnet,
es regnet seinen Lauf.
Und wenn's genug geregnet hat,
dann hört's auch wieder auf!

alter Kinderreim

Eine traumhafte Schiffsreise

Draußen strömte der Regen hernieder! Friedrich konnte es im Schlaf hören, und als der Sandmann ein Fenster öffnete, stand das Wasser gerade herauf bis an das Fensterbrett, es war ein ganzer See da draußen, aber das prächtigste Schiff lag dicht am Hause.
„Willst du mitsegeln, kleiner Friedrich", sagte der Sandmann, „so kannst du diese Nacht in fremde Länder gelangen und morgen wieder hier sein!" Da stand Friedrich plötzlich in seinen Sonntagskleidern mitten auf dem prächtigen Schiffe. Sogleich wurde die Witterung schön und sie segelten durch die Straßen, kreuzten um die Kirche und nun war alles eine große, wilde See. Sie segelten so lange, bis kein Land mehr zu erblicken war, und sie sahen einen Flug Störche, die kamen auch von der Heimat und wollten nach den warmen Ländern; ein Storch flog immer hinter dem andern und sie waren schon weit, weit geflogen! Einer von ihnen war so ermüdet, dass seine Flügel ihn kaum noch zu tragen vermochten; er war der Allerletzte in der Reihe und bald blieb er ein großes Stück zurück. Zuletzt sank er mit ausgebreiteten Flügeln tiefer und tiefer, er machte noch ein paar Schläge mit den Schwingen, aber es half nichts; nun berührte er mit seinen Füßen das Tauwerk des Schiffes, glitt vom Segel herab, und bums, da stand er auf dem Verdeck.
Da nahm ihn der Schiffsjunge und setzte ihn in das Hühnerhaus zu den Hühnern, Enten und Truthähnen; der arme Storch stand ganz befangen mitten unter ihnen.
„Sieh den!", sagten alle Hühner.

Der Storch erzählte vom warmen Afrika, von den Pyramiden und vom Strauße, der einem wilden Pferde gleich die Wüste durchlaufe, von den Antilopen, die er gesehen habe; aber die Enten verstanden nicht, was er sagte, und dann stießen sie einander: „Wir sind uns doch darüber einig, dass er dumm ist?"

„Ja, sicher ist er dumm!", sagte der Truthahn, und dann kollerte er. Da schwieg der Storch ganz still und dachte an sein Afrika und an all das Schöne, das es dort zu sehen gab.

„Das sind ja herrlich dünne Beine, die Ihr habt!", sagte der Truthahn. „Was kostet die Elle davon?"

„Skrat, skrat, skrat!", grinsten alle Enten, aber der Storch tat, als ob er es gar nicht höre. Doch es war schrecklich, wie sie sich alle belustigten.

Da ging Friedrich zum Hühnerhause, öffnete die Tür, rief den Storch und er hüpfte zu ihm hinaus auf das Deck. Nun hatte er ja ausgeruht und es war, als ob er Friedrich zunickte, um ihm zu danken. Darauf entfaltete er seine Schwingen und flog nach den warmen Ländern, aber die Hühner gluckten, die Enten schnatterten und der Truthahn wurde ganz feuerrot am Kopfe.

„Morgen werden wir Suppe von euch kochen!", sagte Friedrich, und dann erwachte er und lag in seinem kleinen Bette.

Es war doch eine sonderbare Reise, die der Sandmann ihn diese Nacht hatte machen lassen.

Hans Chr. Andersen

Pardauz

Mutter und Sohn mit frohem Gesichte
gingen zum Markt.
Es sind die Eier heuer hübsch teuer,
das Stück zwei Dreier.
Pardauz!
Da liegt die ganze Geschichte.

Wilh. Busch

In freier Luft

In freier Luft, in frischem Grün,
da, wo die bunten Blümlein blühn,
in Wiesen, Wäldern, auf der Heide,
entfernt von jedem Wohngebäude,
auf rein botanischem Gebiet
weilt jeder gern, der voll Gemüt.

Wilh. Busch

Teddy, Till und Oldy

Heute hat Till auf dem Schrottplatz ein kleines, uraltes, gelbes Auto gesehen, mit roten Sitzen und einer Hupe, die aussah wie ein Gummiball, an dem eine Trompete befestigt war. Zu Hause erzählte er seinem Teddy davon und dass er so gerne einmal mit dem Auto gefahren wäre. „Gehen wir doch gleich zum Schrottplatz", meinte der Teddybär. „Nein, erst wenn der Mond scheint."

Bald gingen sie ins Bett, aber Till war entschlossen, nicht einzuschlafen. Als alles still war, nahm er seinen Teddy in die eine Hand und eine Flasche Limo (Benzin hatte er keines) in die andere und schlich zur Tür hinaus. Das Ziel war klar: der Schrottplatz.

Schon von weitem leuchtete ihnen das gelbe Dach entgegen. „Guck mal nach, ob Benzin drin ist", sagte Teddy.

Till schraubte den Tank auf. Dabei strich er liebevoll über die Kühlerhaube. „Ist da jemand?", rief das Auto und schlug die Scheinwerfer auf. „Wir sind's, Till und Teddy. Wir würden so gern einmal mit dir fahren. Dafür haben wir dir auch Limo mitgebracht." „Das ist gut", meinte das Auto, „ich bin nämlich durstig." „Hast du einen Namen?", fragte Teddy. „Ja, ich heiße Oldy." „Ein passender Name", meinte Till, während er die Limo in den Tank kippte.

Das alte Auto fing an zu rattern und zu klappern, als wolle es auseinander fallen. Schnell stiegen Till und Teddy ein, und dann ging's tatsächlich los. „Rrumps, tschtsch, babb, babb, babb", tuckerte Oldy, machte einen Sprung und holperte dann friedlich zur Stadt hinaus. „Mir zieht's so in die Augen", jammerte Teddy. „Auf dem Boden liegt noch eine Brille", sagte Oldy, „die kannst du aufsetzen."

Sie fuhren über grüne Hügel und durch wunderschöne Täler. Die Bäume an den Straßen waren über und über mit weißen und rosa Blüten bedeckt.

Einige trugen kleine, rote Früchte. Es waren keine Kirschen, aber auch keine Äpfel. „Das sind Zauberpflaumen", erklärte Oldy. „Bitte halt mal an, wir möchten gerne Zauberpflaumen essen", bat Till. Das Auto machte ein paar Mal „Rrrrrumps", dann stand es. Die beiden stiegen aus und pflück-

ten von den Früchten. „Die schmecken aber gut. Möchtest du auch welche?", fragte Till. „Nein danke", sagte Oldy, „Limo ist mir lieber." Als Till und Teddy so viele Zauberpflaumen gegessen hatten, wie sie nur konnten, ging's weiter.

Ein riesengroßer schillernder Schmetterling beggenete ihnen und rief: „Achtung! Jetzt kommt die blaue Stadt. Es ist stets Nacht dort und immerzu brennen die Laternen." Till und Teddy hatten noch nie eine blaue Stadt gesehen und waren sehr neugierig darauf. Bald fuhren sie durch das Stadttor und kamen zu einem schönen Marktplatz. Die Häuser ringsum waren blau, ihre Dächer waren blau, der Brunnen und die Bäume waren blau und auch die Laterne, unter der ein blaugekleideter Knabe stand. Er hielt eine ellenlange Notenrolle in den Händen und sang mit glockenheller Stimme die schönsten Schlummerlieder. Till und Teddy lauschten entzückt.

Da es in der blauen Stadt nie Tag wurde, brauchten die Bewohner auch nicht aufzustehen, und wenn mal einer wach wurde und die Schlummerlieder hörte, schlief er sofort wieder ein.

Plötzlich sprang ein kleiner Affe auf Oldys Kühlerhaube. „Wenn ihr mich mitnehmt, zeige ich euch den Weg nach Afrika", sagte er. „Ich habe das ewige Blau satt." „Uiii!", rief Till, „nach Afrika wollte ich schon lange einmal. Steig ein!" Teddy gähnte bereits und Oldy fielen die Scheinwerfer zu. „He!", rief der Affe, jetzt wird's aber Zeit, dass wir hier wegkommen, sonst schlafen wir alle ein!"

Aber es war zu spät – sämtliche Augen waren bereits zugefallen, und als Till am nächsten Morgen aufwachte, lag er mit Teddy im Bett – und von Oldy keine Spur.

nach einer Erzählung von Lore Hummel

Wenn einer meint

Wenn einer, der mit Mühe kaum
gekrochen ist auf einen Baum,
schon meint, dass er ein Vogel wär',
so irrt sich der.

Wilh. Busch

Sterne reihen sich an Sterne

Sterne reihen sich an Sterne
an dem hohen Himmelszelt,
glitzern, glänzen nah und ferne,
leuchten hier und dort der Welt.

Längst hinweg sind alle Gäste.
Blumen schlafen auf der Flur,
Vögel schlummern in dem Neste
und die Quellen raunen nur.

Josef Bergmann

Ein Ständchen

Ein Ständchen in der Frühlingsnacht
ist leicht gebracht.
Nur ist es fraglich, ob's gelingt,
dass es zu Röschens Herzen dringt.

Wilh. Busch

Der Hasenhüter und die Königstochter

Ein reicher König hatte eine schöne Tochter, um deren Hand sich so viele Prinzen und Edelleute und einfache Jünglinge bewarben, dass sie gar nicht wusste, wie sie sich einen Ehemann auswählen sollte. Schließlich bestellte sie alle Bewerber auf eine Wiese, nahm einen goldenen Ball und warf ihn mehrmals hoch, mitten unter die Jünglinge. Wer den Ball fing, kam in die engere Wahl. Nun war der Kreis schon kleiner. Jetzt sollte jeder von ihnen noch drei Aufgaben oder Rätsel lösen, die die Prinzessin sich ausdachte, und wem das gelang, der sollte sie zur Frau bekommen. Die Bewerber scheiterten aber alle an den kniffligen Aufgaben der Prinzessin, bis schließlich nur noch einer übrig war. Das war ein Schäfer, ein hübscher Junge, aber arm und gar nicht vornehm. Den wollte die Prinzessin eigentlich überhaupt nicht zum Mann haben. Sie stellte ihm die erste Aufgabe: Er sollte hundert Hasen des Königs auf die Weide treiben und am Abend wieder vollzählig im Schloss abliefern, dann hätte er diese Aufgabe bestanden. Der Schäfer sagte, er müsse erst eine Nacht darüber schlafen, am nächsten Tag würde er wiederkommen und sagen, ob er sich die Aufgabe zutraue.

Dann wanderte der Schäfer in den Bergen herum und dachte nach und wurde traurig, weil er sicher war, dass er die Aufgabe nicht lösen würde. Auf einmal begegnete ihm eine alte Frau. „Warum bist du so traurig?", fragte sie ihn. „Weil mir niemand helfen kann", sagte der Junge. „Erzähl doch mal, vielleicht kann ich es doch", ermunterte ihn die alte Frau. Da erzählte er ihr die Aufgabe der Prinzessin. Die alte Frau gab ihm ein Pfeifchen und sagte: „Trag das immer bei dir, das kann dir helfen." Und damit war sie auch schon verschwunden.

Am nächsten Tag ging der Schäfer zum König und sagte: „Ich will die Aufgabe wagen." Da wurden die Hasen freigelassen und sie rannten gleich in alle Richtungen davon und waren bald nicht mehr zu sehen. Der Junge schaute erst hilflos hinter ihnen her, aber dann zog er sein Pfeifchen und pfiff darauf. Da kamen die Hasen alle angehoppelt und weideten friedlich in seiner Nähe. Der König und die Prinzessin sahen das mit Unwillen, weil sie den Bewerber nicht haben wollten. Sie sannen auf Listen, wie sie dem Schäfer ein paar Hasen wegnehmen könnten.

Die Prinzessin verkleidete sich und ging hinaus auf die Weide und sprach den Hasenhüter an: „Willst du mir nicht einen von deinen hübschen Hasen verkaufen?" Der Junge erkannte sie trotz der Verkleidung und sagte: „Verkauft wird nicht, aber du kannst dir einen verdienen."

„Wie denn?", wollte die Prinzessin wissen.

„Ganz einfach", lachte der Hasenhüter. „Leg dich zu mir ins Gras und sei mein Liebchen."

Da lief die Prinzessin empört weg. Aber weil sie unbedingt einen Hasen haben wollte, drehte sie sich nach ein paar Schritten um und tat, was der Schäfer von ihr verlangte. Dann fing er ihr einen Hasen, steckte ihn in ihr Körbchen und ließ sie gehen. Als sie ein Stück weit gegangen war, pfiff er auf seinem Wunderpfeifchen und sofort sprang der Hase aus dem Korb und kam zu ihm zurück.

Da verkleidete sich der alte König selbst, um sein Glück zu versuchen, und ging hinaus auf die Hasenweide. Aber auch ihn erkannte der Hasenhüter sofort. Der König sagte: „Ich möchte gern Hasen kaufen." „Verkauft wird nicht", sagte der Hasenhüter, „aber du kannst dir einen verdienen." „Wie denn?", fragte der König. Der Hasenhüter lachte und zeigte auf den Esel, auf dem der König ritt: „Wenn du deinen Esel unter den Schwanz küsst, bekommst du einen Hasen."

Der König war entsetzt. Er bot dem Hüter sehr viel Geld an, doch der ließ sich nicht erweichen. Da überwand sich der König und küsste den Esel wie gewünscht unter den Schwanz. Der Hasenhüter fing ihm einen Hasen und setzte ihn in den Korb am Sattel des Esels. Der König war noch nicht weit fortgeritten, da griff der Junge zu seinem Pfeifchen und pfiff den Hasen zurück.

Am Abend brachte der Hasenhüter alle hundert Hasen vollzählig in den königlichen Stall zurück und hatte die erste Aufgabe bestanden.

Die zweite Aufgabe hieß: „Auf dem Dachboden des Königs liegen hundert Sack voll Erbsen und hundert Sack voll Linsen durcheinander geschüttet. Wenn es dir gelingt, sie in einer Nacht ohne Licht auseinander zu sortieren, ist die Aufgabe gelöst."

64

„Das kann ich schon", sagte der Schäferbursche fröhlich und wurde auf den Dachboden gesperrt. Als alles ruhig war, pfiff er auf seinem Pfeifchen. Da kamen viele tausend Ameisen und klaubten emsig die Erbsen und die Linsen auseinander und am Morgen lagen zwei säuberlich geschichtete Haufen da.

Der König wunderte sich sehr, als er das sah, und stellte die dritte Aufgabe: „Wenn du in der nächsten Nacht eine große Kammer voller Brot leer essen kannst, dann sollst du meine Tochter bekommen."

Am Abend wurde der Schäferjunge in eine Brotkammer gesperrt, die bis oben hin gefüllt war. Da pfiff er wieder und diesmal kamen aus allen Ecken Mäuse gekrabbelt und fingen an, das Brot zu fressen. Als die Nacht vorüber war, war kein Krümel Brot mehr übrig. Der Junge klopfte an die Tür und rief: „Macht auf, ich habe Hunger!" Der König aber wollte immer noch nicht so gern mit seiner Tochter herausrücken, darum sagte er: „Erzähle uns jetzt noch einen Sack voll Lügen, und dann wird Hochzeit sein." Da fing der Junge an, alle nur erdenklichen Lügen zu erzählen, doch so sehr er sich anstrengte, immer sagte der König: „Der Sack ist noch nicht voll."

Schließlich sagte der Schäfer: „Meine süße Braut, die Prinzessin, hat sich als mein Liebchen zu mir ins Gras gelegt." Die Prinzessin wurde feuerrot und der König hielt es gar nicht für eine Lüge und blitzte sie wütend an. Trotzdem sagte er: „Der Sack ist immer noch nicht voll!"

Da sagte der Junge: „Der Herr König hat seinen Esel…" „Hör auf, der Sack ist voll, bindet ihn schnell zu", rief da der König, denn er schämte sich und wollte nicht sein unwürdiges Verhalten vor dem ganzen Hof erzählt haben. Und da wurde nun endlich die glanzvolle Hochzeit zwischen dem Schäferjungen und der Königstochter gefeiert und sie sind sehr glücklich geworden.

Ludwig Bechstein

Die Nymphe

An der Quelle sitzt die Nymphe
und badet ihren weißen Fuß.
Dann zieht sie an
ganz grüne Strümpfe
und schwimmt hinunter
bis zum Fluss.

Eva Spaeth

Der holde Mond

Der holde Mond
erhebt sich leise;
ein alter Kauz
denkt nur an Mäuse.

Wilh. Busch

Der Sandmann und die Buchstaben

„Höre einmal", sagte der Sandmann am Abend, als er Friedrich zu Bett gebracht hatte, „nun werde ich aufputzen!" Da wurden alle Blumen in den Blumentöpfen zu großen Bäumen, die ihre langen Zweige unter der Decke und längs der Wände ausstreckten, so dass die ganze Stube prächtig aussah; alle Zweige waren voll Blüten und jede Blüte war noch schöner als eine Rose, duftete lieblich und wollte man sie essen, so war sie noch süßer als Eingemachtes! Die Früchte glänzten gerade wie Gold, und Kuchen waren da, die vor lauter Rosinen platzten – es war unvergleichlich schön! Aber zu gleicher Zeit ertönte ein schreckliches Jammern aus dem Tischkasten, wo Friedrichs Schulbücher lagen.
„Was ist das?", fragte der Sandmann, ging zum Tisch und zog den Kasten auf. Und dann war es Friedrichs Schreibheft, in dem es jammerte; oh, es war schrecklich anzuhören! Auf jedem Blatt standen der Länge nach herunter große Buchstaben, ein jeder mit einem kleinen zur Seite, das waren die Beispiele, neben diesen standen wieder einige Buchstaben, die glaubten ebenso auszusehen, und die hatte Friedrich geschrieben. Sie lagen fast so, als ob sie über die Linien gefallen wären, auf denen sie stehen sollten.

„Seht, so solltet ihr euch halten", sagten die Beispiele. „Seht, so, mit einem kräftigen Schwung!"

„Oh, wir möchten gern", sagten Friedrichs Buchstaben, „aber wir können nicht, wir sind so jämmerlich!"

„Dann müsst ihr Lebertran und Kinderpulver haben!", sagte der Sandmann.

„O nein!", riefen sie, und da standen sie alle schlank und rank, aufrecht und schwungvoll – mindestens so schön wie die Beispiele vor ihnen. Aber als der Sandmann ging und Friedrich sie am Morgen besah, da waren sie ebenso elend wie früher.

Hans Chr. Andersen

Der Graben

Es kamen mal zwei Knaben
an einen breiten Graben.
Der erste sprang hinüber,
schlankweg – je eh'r, je lieber.
War das nicht keck?
Der zweite, fein besonnen,
eh' er das Werk begonnen,
sprang in den Dreck!

Wilh. Busch

Der Zauberer Klimbim

Der gute Zauberer Klimbim
trägt einen spitzen Hut
mit vielen bunten Glöckchen dran
und ist den Kindern gut.

Klimbim, der Zauberer, ist groß!
Er hat ein spitzes Kinn,
und wenn er um sich selber tanzt,
macht's rundherum klimbim.

Lore Hummel

Der kleine Däumling

Ein armer Korbmacher hatte sechs Jungen, der allerkleinste war so klein, dass man meinte, er sei nicht größer als ein Daumen. Deshalb nannte man ihn „Däumling". Aber gerade der Kleine war der Pfiffigste von allen. Es waren teure Zeiten ins Land gekommen und der arme Korbmacher wusste nicht, wie er seine Jungen durchbringen sollte. Da beschloss er denn, zusammen mit seiner Frau, die Jungen morgen in den Wald hinauszuführen und sie dort allein zu lassen. Er dachte, dass sie ihr Fortkommen schon finden würden.

Dies hatte Klein-Däumling gehört. In der Nacht sammelte er Kieselsteine. Als nun am anderen Morgen die Eltern ihre Kinder in den Wald führten, um Weiden zu schneiden, ließen sie die Kinder allein. Däumlings Brüder weinten, aber er wusste Rat. Mit den Kieselsteinen hatte er vorher den Weg bezeichnet und fand ihn nun zurück. Die Eltern waren froh, als sie ihre Jungen wieder hatten. Nun versuchten sie es noch eine Weile, aber bald ging es wirklich nicht mehr und schweren Herzens dachten sie wieder daran, ihre Kinder in die Welt hinauszuführen. Stillschweigend gingen sie eines Morgens in den Wald und ließen die Buben dann allein. Diesmal hatte Däumling keine Kieselsteine gesammelt, sondern Brot verkrümelt. Die Brotkrümelchen aber hatten die Vögel aufgefressen. Da wanderte er mit seinen Brüdern immer weiter in den tiefen Wald hinein, bis sie endlich vor ein großes Haus kamen. Sie baten um Einlass. Eine Frau öffnete und sagte zu ihnen: „Ach, ihr armen verirrten Kinder, ihr seid im Hause des Menschenfressers! Wenn er euch nur nicht findet. Ich will euch schon verstecken, aber wer weiß."

Die armen zitternden Kinder wurden hereingelassen und bekamen zu essen, dann krochen sie unter die sechs kleinen Betten, in denen des Menschenfressers sechs Töchter schliefen, mit Krönchen aus Gold auf dem Haupte.

Abends kam der Menschenfresser nach Hause und fand doch bald die Jungen. Am nächsten Tag wollte er sie verzehren. Däumling gelang es aber, ihn zu überlisten. Den Mädchen nahm er, als sie schliefen, die Krönchen ab und setzte sie sich und seinen Brüdern auf. So erkannte der Menschenfresser die Jungen nicht und verwechselte sie mit seinen eigenen Kindern, als er mitten in der Nacht angestapft kam. Am anderen Morgen bemerkte er seinen Irrtum und wollte den Kindern nachstürzen, die sich eiligst davonmachten. Aber Däumling zog ihm, als er rastete, die Siebenmeilenstiefel aus, ohne die er nicht laufen konnte. Glücklich kam Däumling mit seinen Brüdern wieder zu Hause an und es war große Freude.

Wie schön, dass es heute keine Menschenfresser mehr gibt.

nach Ludwig Bechstein

Leise, Peterle, leise

Leise, Peterle, leise,
der Mond geht auf die Reise.
Er hat sein weißes Pferd gezäumt,
das geht so still, als ob es träumt.
Leise, Peterle, leise.

Stille, Peterle, stille,
der Mond hat eine Brille.
Ein graues Wölkchen
schiebt sich vor,
das sitzt ihm grad auf Nas und Ohr.
Stille, Peterle, stille.

Alter Kinderreim

Wettlauf

Die Panzerkröte
sprach zur Schnecke:
„Pfui, schäme dich!
Du kommst ja gar nicht
erst vom Flecke,
da sieh mal mich!!"

Wilh. Busch

Der Hase und der Igel

Dies ist eine ganz unglaubliche Geschichte, aber sie muss doch wahr sein, denn mein Großvater, der sie mir erzählt hat, sagte immer, wenn sie nicht wahr wäre, könnte man sie ja nicht erzählen. Und so hat sich die Geschichte ereignet:

Es war an einem Sonntagmorgen zur Erntezeit, als gerade der Buchweizen blühte: Die Sonne lachte vom Himmel, der Morgenwind wehte lau über die Stoppelfelder, die Lerchen sangen hoch droben im Blau, die Bienen summten im Buchweizen und die Leute spazierten in ihren Sonntagskleidern zur Kirche. Alle waren lustig und vergnügt und so auch der Igel. Der Igel stand mit verschränkten Armen vor seiner Haustür, ließ sich den Wind um die Nase wehen und trällerte leise ein Liedchen vor sich hin, so gut ein Igel eben singen kann. Und wie er so vor sich hin sang, fiel ihm ein, dass er eigentlich einen Spaziergang machen könnte, solange seine Frau noch die Kinder wusch und anzog. Er wollte schauen, wie es um seine Steckrüben stand. Die Rüben wuchsen dicht bei seinem Haus, und weil er seine Familie davon ernährte, betrachtete er sie als seine Steckrüben. Nun gut, der Igel schloss die Haustür hinter sich ab und schlug den Weg zum Rübenfeld ein. Weit war er noch nicht gekommen und er wollte gerade um den Schlehdornbusch biegen, als er dem Hasen begegnete, der in ähnlichen Geschäften unterwegs war. Er wollte nämlich nach seinem Kohl sehen. Als der Igel den Hasen sah, grüßte er ihn freundlich, doch der Hase, der sich sehr vornehm vorkam und mächtig eingebildet war, erwiderte den Gruß nicht. Stattdessen sagte er mit höhnischer Miene: „Warum läufst du denn schon am frühen Morgen hier im Feld herum?"

73

„Ich gehe spazieren", sagte der Igel.

„Spazieren?", lachte der Hase. „Na, du könntest deine Beine auch lieber zu was anderem gebrauchen."

Über diese Antwort ärgerte sich der Igel sehr. Wenn er auch viel vertragen konnte, aber Spott über seine Beine machte ihn wütend, gerade weil sie krumm waren.

„Du bildest dir wohl ein, du könntest mit deinen Beinen mehr ausrichten?", fragte der Igel den Hasen.

„Ja, das glaub ich", sagte der Hase.

„Es käme auf einen Versuch an", meinte der Igel. „Ich glaube, dass ich dir bei einem Wettlauf davonrennen würde."

„Das ist doch lächerlich, du mit deinen krummen Beinen", sagte der Hase. „Aber wenn du unbedingt willst, können wir es gern versuchen. Worum wetten wir?"

„Um ein Goldstück und eine Flasche Branntwein", sagte der Igel. „Angenommen", sagte der Hase. „Schlag ein, und fangen wir gleich an."

„So eilig ist es nun auch wieder nicht", sagte der Igel. „Ich habe ja noch gar nicht gefrühstückt. Ich geh jetzt erstmal nach Hause und stärke mich ein bisschen und in einer halben Stunde treffen wir uns wieder hier."

Unterwegs dachte der Igel: „Der Hase hat zwar die längeren Beine, aber ich habe den klügeren Kopf. Darum wird er die Wette verlieren."

Zu Hause sagte der Igel zu seiner Frau: „Zieh dich schnell an, du musst mit mir aufs Feld."

„Warum denn?", fragte seine Frau.

„Ich habe mit dem Hasen um ein Goldstück und eine Flasche Branntwein gewettet, dass ich schneller laufen kann als er."

„Hast du den Verstand verloren?", schrie da seine Frau. „Wie kannst du mit dem Hasen um die Wette laufen wollen?"

„Sei still, Frau", sagte der Igel, „das ist meine Angelegenheit. Misch dich nicht in Männersachen. Los, zieh dich an und komm mit."

Was sollte die Igelfrau da schon machen? Sie musste mitkommen, ob sie wollte oder nicht.

Unterwegs erklärte ihr der Igel, was er sich für eine List ausgedacht hatte: „Dort hinten auf dem Acker werden wir laufen, und zwar der Hase in der einen Furche und ich in der anderen. Wir fangen ganz dort oben an. Du stellst dich aber hier unten am Ziel auf, und wenn der Hase angelaufen kommt, dann rufst du ihm entgegen: ,Ich bin schon da!'"

Am Acker wies der Igel seiner Frau ihren Platz zu und ging dann hinauf zum Treffpunkt. Der Hase wartete schon auf ihn. „Kann es losgehen?", fragte der Hase und der Igel nickte. Sie stellten sich in ihren Furchen auf,

74

der Hase zählte eins – zwei – drei und sauste wie der Sturmwind davon.
Der Igel machte nur ein paar müde Schritte und blieb dann ruhig sitzen.
Als der Hase nun im vollen Lauf unten am Ackerende ankam, stand da
die Frau des Igels und rief ihm entgegen:
„Ich bin schon da."

Der Hase blieb ungläubig stehen. Er glaubte, es sei der Igel selbst, denn die Igelfrau sieht ja genauso aus wie er.

„Das kann doch nicht wahr sein", sagte der Hase. „Los, wir laufen noch mal zurück."

Wieder zählte er bis drei und schoss dann davon, dass ihm die Ohren um den Kopf flogen. Die Igelfrau aber blieb gemütlich in ihrer Furche sitzen. Als der Hase atemlos oben ankam, rief ihm der Igel entgegen: „Ich bin schon da."

Außer sich vor Wut schrie der Hase: „Noch einmal gelaufen!" Und der Igel sagte seelenruhig: „Meinetwegen, so oft du magst." Und so ist der Hase noch dreiundsiebzigmal gelaufen, aber wo auch immer er ankam, oben oder unten, rief ihm eine Stimme entgegen: „Ich bin schon da."

Beim vierundsiebzigsten Mal brach der Hase mitten auf dem Weg zusammen, Blut floss aus seinem Maul und er blieb tot liegen.

Der Igel aber nahm das Goldstück und die Flasche Branntwein an sich, rief seine Frau aus der Furche und ging vergnügt mit ihr nach Hause. Und wenn sie nicht gestorben sind, so leben sie noch heute.

Brüder Grimm

Laternenlied

Ich geh mit
meiner Laterne
und meine Laterne
mit mir.
Dort oben leuchten
die Sterne,
hier unten,
da leuchten wir.
Der Hahn, der kräht,
die Katz miaut,
la bimmel, la bammel,
la bum.

Alter Kinderreim

Die Ammenuhr

Der Mond, der scheint,
das Kindlein weint,
die Glock' schlägt zwölf,
dass Gott doch allen Kranken helf!

Gott alles weiß,
das Mäuslein beißt,
die Glock' schlägt ein,
der Traum spielt
auf den Kissen dein.

Das Nönnchen läut'
zur Mettenzeit,
die Glock' schlägt zwei,
sie gehn in 'n Chor
in einer Reih'.

Der Wind, der weht,
der Hahn, der kräht,
die Glock' schlägt drei,
der Fuhrmann hebt sich
von der Streu.

Der Gaul, der scharrt,
die Stalltür knarrt,
die Glock' schlägt vier,
der Kutscher siebt
den Haber schier.

Die Schwalbe lacht,
die Sonn' erwacht,
die Glock' schlägt fünf,
der Wandrer macht sich
auf die Strümpf'.

Das Huhn gagackt,
die Ente quakt,
die Glock' schlägt sechs,
steh auf, steh auf, du faule Hex'!

Zum Bäcker lauf,
ein Wecklein kauf,
die Glock' schlägt sieben,
die Milch tu auf das
Feuer schieben.

Tu Butter 'nein
und Zucker fein,
die Glock' schlägt acht,
geschwind dem Kind
die Supp' gebracht.

aus „Des Knaben Wunderhorn"

Zauberhafte Träume

Seht, hier schlummert Peter froh
und der Pauli ebenso.
Beide schnarchen um die Wett'
in dem großen Himmelbett.
Jetzt kommt unser Sandmännlein
durch das offne Fenster rein,
und aus dem Träumekasten, guck,
da steigt der Kasperl Muckipuck,
unterm Arm sein Krokodil,
das heut' gar nicht spielen will.
Eine Blume hat's im Maul
und ist wieder schrecklich faul,
doch dem Kasperl macht's nichts aus:
„Grete!", ruft er, „komm heraus!
Kinder, seid ihr alle da?"
Paul und Peter rufen: „Jaaa!"

Lore Hummel

Schlaf, mein Püppchen

Schlaf, mein Püppchen,
schlafe ein,
draußen weht der Wind,
und der Sandmann geht ums Haus,
schlafe ein, mein Kind.

Schlaf, mein Püppchen,
schlafe ein,
träum bis morgen früh,
bis der Gockelhahn dich weckt
mit lautem Kikerikiii!

Lore Hummel

Schlaf, Kindchen

Schlaf, Kindchen, wohle!
Zuckerchen will ich dir hole.
Zucker, Rosinen, Mandelkern
isst mein Kindchen gar zu gern.
Schlaf, Kindchen, schlaf.

Alter Kinderreim

Rumpelstilzchen

Es lebte einmal ein Müller, dessen größter Stolz seine schöne Tochter war. Und als es sich einmal zufällig ergab, dass er mit dem König zusammentraf, da fing er gleich an, zu prahlen und von seiner Tochter zu erzählen, und behauptete sogar: „Meine Tochter kann Stroh zu Gold spinnen." Der König war ein habgieriger Mann und sagte: „Das ist eine einträgliche Kunst, herzlichen Glückwunsch. Doch ob das stimmt, möchte ich schon gern selbst sehen. Bring doch deine Tochter zu mir ins Schloss, damit sie mir das zeigen kann." Als das Mädchen zu ihm gebracht wurde, führte der König es in eine Kammer voller Stroh, gab ihm ein Spinnrad und sagte: „Mach dich an die Arbeit. Du hast eine Nacht Zeit. Wenn du morgen früh nicht alles Stroh zu Gold gesponnen hast, musst du für die Lüge deines Vaters sterben."
Die arme Müllerstochter saß ratlos in der Kammer und schaute auf das viele Stroh. Sie wusste nicht, was sie damit machen sollte, und bekam immer größere Angst. Weinend saß sie am Spinnrad, als die verriegelte Tür der Kammer aufging und auf einmal ein kleines Männchen vor ihr stand. „Warum weinst du denn so?", fragte das Männchen die Müllerstochter und sie seufzte: „Ich soll das Stroh zu Gold spinnen und kann es nicht. Der König wird mich töten, wenn er morgen früh die Kammer immer noch voll Stroh findet."

„Was gibst du mir, wenn ich es zu Gold spinne?", fragte da das Männchen. „Mein Halsband", sagte das Mädchen und gab es ihm. Da fing das Männchen zu spinnen an, und als der Morgen graute, war aus dem ganzen Stroh pures Gold geworden. Das Männchen verschwand und bald darauf kam der König. Der Anblick des Goldes stillte aber seine Habgier nicht, sondern steigerte sie noch. Am Abend ließ er darum die Müllerstochter noch einmal in eine Kammer voller Stroh einsperren, und die war sogar noch größer als die erste. Wieder saß das Mädchen hilflos da und weinte. Da ging wieder die Tür auf und das Männlein trat vor sie hin und fragte: „Was gibst du mir, wenn ich es für dich spinne?" Und diesmal gab das Mädchen ihm seinen Ring, das letzte Schmuckstück, das es besaß. Aber auch am folgenden Morgen war der König noch nicht zufrieden. Er ließ das Mädchen in eine dritte, noch größere Kammer bringen und sagte: „Wenn es dir gelingt, auch dieses Stroh in einer Nacht zu Gold zu spinnen, so will ich dich heiraten."

Nachts kam das Männlein wieder und stellte seine Frage nach dem Lohn. Aber die Müllerstochter hatte nichts mehr, was sie ihm geben konnte.

„Versprich mir dein erstes Kind, wenn du Königin bist", sagte das Männchen. Und weil die Ärmste keinen anderen Ausweg wusste, versprach sie es. Kurz danach wurde die Hochzeit gefeiert und ein Jahr später brachte die junge Königin ein Kind zur Welt. Das Männchen und ihr Versprechen hatte sie völlig vergessen, aber auf einmal stand das Männlein vor ihr und forderte das Kind von ihr. Die Königin erschrak sehr und bot ihm all die Schätze an, die sie jetzt besaß, aber es wollte weder Gold noch Edelsteine, es wollte nur das Kind. Da begann die Königin so sehr zu weinen, dass das Männchen Mitleid mit ihr bekam, und schließlich sagte es: „Du hast drei Tage Zeit, um herauszufinden, wie ich heiße. Gelingt dir das, dann sollst du dein Kind behalten." Da schrieb sich die Königin die ganze Nacht über alle Namen auf, die ihr einfielen, und schickte einen Boten aufs Land, der überall nach Namen fragen sollte. Als am nächsten Tag das Männchen kam, sagte sie ihm alle Namen vor, die sie kannte, doch es schüttelte immer den Kopf und sagte: „So heiße ich nicht."

Auch am zweiten Tag hatte die Königin keinen Erfolg, obwohl sie die ausgefallensten Namen nannte. Immer wieder sagte das Männlein nur: „So heiße ich nicht."

Am dritten Tag kam der Bote der Königin zurück. Er erzählte, dass er keine neuen Namen mehr gefunden habe, aber dafür habe er ein ganz seltsames Erlebnis gehabt: Mitten im Wald habe er eine kleine Hütte entdeckt mit einem offenen Feuer davor und um das Feuer sei ein ganz kleines Männchen herumgetanzt und habe dabei gesungen:

82

Heute back ich, morgen brau ich,
übermorgen hol ich der Königin ihr Kind.
Ach wie gut, dass niemand weiß,
dass ich Rumpelstilzchen heiß.

Da war die Königin sehr erleichtert, dass sie nun doch noch das Geheimnis erfahren hatte und ihr Kind nicht weggeben musste. Als das Männlein zu ihr kam, lächelte sie und fragte:
„Heißt du vielleicht Kunz?" – „Nein!" – „Heißt du vielleicht Heinz?" – „Nein!" – „Heißt du etwa Rumpelstilzchen?"
„Das hat dir der Teufel gesagt", schrie das Männlein und stampfte vor Zorn so fest mit dem Fuß auf, dass es bis über das Knie in den Boden versank. Dann fasste es sein anderes Bein mit den Händen und riss sich selbst mitten entzwei.

Brüder Grimm

Armer Künstler

Armer Künstler hat es sauer,
doch Erfolg kommt allgemach.
Zeigt sich nur erst ein Beschauer,
folgen wohl die andern nach.

Wilh. Busch

Schmetterlinge

Schweben, gaukeln leicht einher
über goldnem Ährenmeer,
über Wiesen, sommerbunt,
durch das blaue Himmelsrund.

Ei, wie freut sich doch der Hans
sieht er einen Schwalbenschwanz,
einen Fuchs und einen Bär,
ei, wie freut er sich so sehr!

Sitzt ein Weißling auf dem Kohl,
dem im Sonnenlicht ganz wohl.
Pfauenauge, wunderschön,
Trauermantel lässt sich sehn.

Und der Hans, der kleine Wicht,
fängt die Schmetterlinge nicht,
freut sich an der bunten Pracht,
die ihm da entgegenlacht.

K. May

Vom Sandmännlein, das nicht schlafen konnte

Es war einmal ein Sandmännlein, das nicht richtig schlafen konnte. Es war Sommer. Die Kinder in dem kleinen Städtchen, wo das Sandmännlein seinen Dienst tat, waren fast alle verreist. Sie hatten Ferien, und da besuchten sie Onkel, Tanten, Großmutter oder Freunde, andere fuhren mit den Eltern ans Meer oder was weiß ich wohin – und so kam es, dass das Sandmännlein immer schon sehr zeitig mit seiner Arbeit fertig war und auch ebenso zeitig ausgeschlafen hatte. Schon am hellen Nachmittag, wenn das Sandmännlein sonst noch fest schlief, war es jetzt wach, hellwach. Es lag in der Wiese am Stadtrand und blickte gelangweilt in den Himmel. Was sollte es plötzlich mit seiner Zeit anfangen? Es beobachtete die Blumen und Gräser neben sich, die leise im Wind schaukelten. Bei genauerem Hinsehen bemerkte das Sandmännlein, dass rings um es reges Treiben herrschte: Ameisen liefen geschäftig hin und her, Käfer krabbelten die Gräser auf und ab, Bienen kamen zu den Blüten ringsum und langsam kroch eine Schnecke direkt an seinem Fuß vorbei.
„Komm rüber zum Waldrand", rief ihm da eine Hummel zu. „Der Waldzwerg hat heute Geburtstag, er hat alle eingeladen." Das ließ sich der Sandmann nicht zweimal sagen, denn so eine Einladung bekam er wirklich nicht alle Tage. Er lief zum Waldrand und hörte schon von weitem lustiges Lachen und Plaudern. Eine bunte Gesellschaft hatte sich um einen Platz versammelt, auf dem köstliche Speisen standen: Blütenhonig, Walderdbeeren, Löwenzahnmilch und vieles andere.
Eichhörnchen, Maus und Waldzwerg wussten lustige Geschichten zu erzählen und das Fest dauerte bis in den späten Abend hinein.
In dieser Nacht konnten die Kinder im Städtchen, die daheim geblieben waren, lange nicht einschlafen. Könnt ihr euch denken, warum?

nach einer Erzählung von Lore Hummel

Die Mäusehochzeit

„Weißt du was?", sagte der Sandmann zu Friedrich, „sei nur nicht furchtsam, gleich wirst du eine kleine Maus sehen!" Da hielt er ihm seine Hand mit dem leichten, niedlichen Tiere entgegen. „Sie ist gekommen, um dich zur Hochzeit einzuladen. Hier sind diese Nacht zwei kleine Mäuse, die in den Stand der Ehe treten wollen. Sie wohnen unter dem Speisekammerfußboden; das soll eine schöne Wohnung sein!"

„Aber wie kann ich durch das kleine Mauseloch im Fußboden kommen?", fragte Friedrich.

„Lass mich nur machen", sagte der Sandmann, „ich werde dich schon klein bekommen!" Und er berührte Friedrich mit seinem Zauberstab, und da wurde der sogleich kleiner und kleiner – zuletzt war er keinen Finger mehr lang.

„Wollen Sie nicht so gut sein und sich in Ihrer Mutter Fingerhut setzen?", fragte die kleine Maus. „Dann werde ich die Ehre haben, Sie zu ziehen!" „Will sich das Fräulein selbst bemühen?", sagte Friedrich, und so fuhren sie zur Mäusehochzeit.

Zuerst kamen sie unter dem Fußboden in einen langen Gang, der nicht höher war, als dass sie gerade mit dem Fingerhut dort fahren konnten; und der ganze Gang war mit faulem Holze erleuchtet.

„Riecht es hier nicht herrlich?", sagte die Maus, die ihn zog. „Der ganze Gang ist mit Speckschwarten geschmiert worden! Es kann nichts Schöneres geben!"

Nun kamen sie in den Brautsaal. Hier standen zur Rechten alle die kleinen Mäusedamen, die wisperten und zischelten, als ob sie einander zum Besten hielten; zur Linken standen alle Mäuseherren und strichen sich mit der Pfote den Schnauzbart. Aber mitten im Saal sah man das Brautpaar; sie standen in einer ausgehöhlten Käserinde und küssten sich gar erschrecklich viel vor aller Augen, denn sie waren ja Verlobte und sollten nun gleich Hochzeit halten.

Es kamen immer mehr und mehr Fremde. Eine Maus war nahe daran, die andere totzutreten, und das Brautpaar hatte sich mitten in die Tür gestellt, sodass man weder hinaus- noch hineingelangen konnte. Die ganze Stube war ebenso wie der Gang mit Speckschwarten eingeschmiert, das war die ganze Bewirtung, aber zum Nachtisch wurde eine Erbse vorgezeigt, in die eine Maus aus der Familie die Namen des Brautpaares hineingebissen hatte, das heißt die ersten Buchstaben. Das war etwas ganz Außerordentliches. Alle Mäuse sagten, dass es eine schöne Hochzeit gewesen sei.

Dann fuhr Friedrich wieder nach Hause; er war wahrlich in vornehmer Gesellschaft gewesen, aber er hatte sich auch ordentlich zusammenkriechen, sich klein machen müssen.

Hans Chr. Andersen

Das Schwein

Ein kluger Mann verehrt das Schwein;
er denkt an dessen Zweck.
Von außen ist es zwar nicht fein,
doch drinnen sitzt der Speck!

Wilh. Busch

Der Schweinehirt

Es war einmal ein armer Prinz, der nur ein ganz kleines Königreich besaß, aber er war berühmt für seine Klugheit und Liebenswürdigkeit. Er hatte sich in den Kopf gesetzt, die Tochter des Kaisers zur Frau zu gewinnen. Da er wusste, dass sie sehr verwöhnt war, schickte er ihr die zwei kostbarsten Dinge seines Reiches als Geschenke. Das war eine herrliche Rose von einem Rosenstrauch, der nur alle fünf Jahre blühte und dann immer nur eine einzige Blüte trug, und es war eine Nachtigall, die so süß singen konnte, dass alle Leute zu weinen anfingen, so schön war es.
Als die Geschenke am Kaiserhof ankamen, packte die Prinzessin sie neugierig aus und der ganze Hofstaat und auch ihr Vater standen herum und wollten sehen, was der arme Prinz geschickt hatte.
„Oh, was für eine entzückende Rose", rief die Prinzessin, aber als sie sie näher ansah, warf sie die Blume mit Abscheu von sich. „Pfui, sie ist ja natürlich und nicht künstlich, wie geschmacklos!"
Und als die Nachtigall sang, brachen alle – auch der Kaiser – in Tränen aus, weil es so schön war, aber dann sagte die Prinzessin: „Es ist ein lebendiger Vogel, lasst ihn fortfliegen."

Sie war erzürnt über die Geschenke und der Prinz bekam keine Erlaubnis, zum Hofe des Kaisers zu kommen.

Aber so schnell gab er nicht auf. Er verkleidete sich als armer Mann, beschmierte sich das Gesicht mit Schmutz und ging zum Hof und bat um eine Anstellung.

„Du kannst meine Schweine hüten", sagte der Kaiser. „Sonst habe ich keine Arbeit für dich."

So wurde der Prinz kaiserlicher Schweinehirt und wohnte in einer kleinen Kammer beim Schweinekoben. Aber er hütete nicht nur die Schweine, sondern bastelte auch an einem Wundertopf und am Abend war er fertig. Sobald er auf dem Herd stand und kochte, fingen die Schellen an seinem Rand an, das Lied „Oh, du lieber Augustin" zu spielen, und wenn man den Finger in den Dampf des Topfes hielt, konnte man riechen, was in jedem Haus der Stadt gekocht wurde.

Das war natürlich etwas anderes als eine Rose.

Da kam die Prinzessin mit ihren Hofdamen vorbei und hörte den Topf spielen, und das gefiel ihr so gut, dass sie ihn unbedingt haben wollte. Sie schickte eine ihrer Hofdamen zu dem Schweinehirt und ließ fragen, was das Musikinstrument koste. „Es kostet zehn Küsse der Prinzessin", sagte der Schweinehirt. Da ging die Hofdame empört wieder nach draußen. Sie wollte der Prinzessin die unverschämte Forderung gar nicht sagen, aber schließlich flüsterte sie es ihr ins Ohr und die Prinzessin wurde rot vor Zorn, stampfte mit dem Fuß und ging weg.

Aber als sie wegging, erklang die Melodie so lieblich, dass sie ihre Meinung änderte. „Vielleicht verkauft er den Topf auch für zehn Küsse von einer Hofdame", schlug sie vor, doch der Schweinehirt blieb hart: „Zehn Küsse von der Prinzessin oder ich behalte den Topf."

Da mussten sich die Hofdamen im Kreis um den Hirten und die Prinzessin aufstellen, damit niemand die Schande sehen konnte, und der Schweinehirt bekam seine zehn Küsse und die Prinzessin ihren Topf.

Den ganzen Tag kochte sie und hörte „Lieber Augustin" und hielt ihr Näschen in den Dampf, um zu erfahren, was es wo zu essen gäbe. Es war sehr lustig und die Hofdamen erzählten auch niemandem von dem Preis, den die Prinzessin für den Wundertopf bezahlt hatte.

Am nächsten Tag aber hatte der Prinz eine Knarre gemacht, aus der alle Tänze der Welt erklangen, wenn man sie herumschwang: Walzer und Polka und Hopser. Als die Prinzessin vorbeikam und die Musik hörte, wollte sie auch dieses Instrument sofort haben und sie schickte ihre Hofdame hinein, um den Preis zu erfragen.

„Aber ich küsse ihn nie mehr!", rief sie hinter ihr her.

„Hundert Küsse von der Prinzessin will er haben", sagte die Hofdame, als sie wieder herauskam.
„Er ist übergeschnappt", sagte die Prinzessin und ging weiter. Aber dann blieb sie stehen und meinte:
„Er kann zehn Küsse
von mir bekommen
und den Rest von
den Hofdamen.
Sag ihm das."

Da beschwerten sich die Hofdamen und meinten, sie würden den schmutzigen Hirten nicht küssen.

„Wenn ich ihn küsse, könnt ihr es schon lange", sagte die Prinzessin unmutig, „wofür werdet ihr schließlich bezahlt?"

Da musste die Hofdame wieder hineingehen und das Angebot machen. Doch der Schweinehirt blieb auch diesmal hart. So mussten sich die Hofdamen wieder im Kreis aufstellen, und dann fing die Küsserei an.

Der Kaiser sah von seinem Balkon aus, dass am Schweinekoben ein ganzer Auflauf von Hofdamen war und wollte neugierig sehen, was da los war. Er lief hinunter und schlich sich an. Die Hofdamen waren so mit dem Küssezählen beschäftigt, dass sie ihn nicht kommen hörten, und er kam gerade dazu, als der Schweinehirt den sechsundachtzigsten Kuss von der Prinzessin bekam. Da fuhr der Kaiser wütend dazwischen und jagte seine Tochter und den Schweinehirten aus seinem Reich davon.

Da stand die Prinzessin weinend draußen vor der Stadt im Regen. Der Schweinehirt ging hinter einen Baum, legte seine ärmlichen Kleider ab und reinigte sein Gesicht und trat als Prinz wieder vor die Kaisertochter, die schon tief bereute, dass sie den Prinzen mit der Rose und der Nachtigall nicht zum Mann genommen hatte.

Als sie jetzt den schönen Prinzen sah, sank sie vor Schreck in die Knie. „Ich verachte dich", sagte der Prinz. „Du wolltest keinen ehrlichen Prinzen haben, der dir statt Blendwerk die schönsten Dinge der Natur anbot, aber einen Schweinehirten konntest du für eine Spielerei küssen. Schäme dich." Und damit ließ er sie allein und sie konnte nun selber traurig singen: „Oh, du lieber Augustin, alles ist hin."

Hans Chr. Andersen

A B C

A B C – Kopf in die Höh'!
D E F – wart, ich treff!
G H I – das macht Müh!
J K L – nicht so schnell!
M N O – lauft nicht so!
P Q R – das ist schwer!
S T U – hör mir zu!
V W X – mach 'nen Knicks!
Y Z   – geh zu Bett!

alter Kinderreim

Weißt du, wie viel Sternlein stehen?

Volksweise

1. Weißt du, wie viel Sternlein stehen an dem blauen Himmelszelt? Weißt du, wie viel Wolken gehen weithin über alle Welt? Gott der Herr hat sie gezählet, dass ihm auch nicht eines fehlet an der ganzen großen Zahl, an der ganzen großen Zahl.

2. Weißt du, wie viel Mücklein spielen
in der heißen Sonnenglut,
wie viel Fischlein auch sich kühlen
in der hellen Wasserflut?
Gott der Herr rief sie mit Namen,
dass sie all ins Leben kamen,
dass sie nun so fröhlich sind.

3. Weißt du, wie viel Kinder frühe
stehn aus ihren Bettlein auf,
dass sie ohne Sorg und Mühe
fröhlich sind im Tageslauf?
Gott im Himmel hat an allen
seine Lust, sein Wohlgefallen,
kennt auch dich und hat dich lieb.

Die Fenster nun erst,
seht doch schnell,
aus reinstem Kandis, blank und hell,
die Blumen auf der Fensterbank
aus buntem Marzipangerank.
So sieht man dort
das Schulhaus stehn,
dass es voll Lust ist anzusehn.
Und drinnen nun
gar erst die Stuben,
wo all die Mädel und die Buben,
genau wie ihr auch hier auf Erden
vom Lehrer unterrichtet werden.
Die Wände, welch ein Hochgenuss,
aus dickem weißen Zuckerguss,
mit bunten Friesen ringsumher
aus lauter Bonbons kreuz und quer.

Im Schlaraffenland

Das lustige Schlaraffenland
ist allen Kindern wohl bekannt,
das Land, wo Milch und Honig fließt,
und wo der Faulste König ist;
doch habt ihr es
auch schon vernommen,
dass eine Schule hingekommen,
damit die Kinder dort – o weh –
nun lernen auch das ABC?
Das Schulhaus auf der grünen Wiese
liegt wirklich wie im Paradiese,
und schaut doch nur, wie sieht es aus?
Das schönste Hexenknusperhaus!
Die Wände vorne wie auch hinten
aus allerfeinsten süßen Printen,
die Giebel aber sind fürwahr
aus braunem Pfefferkuchen gar,
und auf dem Dach die roten Ziegel
frisch aus dem Himbeerzuckertiegel.

Weil nun in der Schlaraffenwelt
ja alles anders ist bestellt,
ist anders auch der Unterricht,
so urbequem – ihr glaubt es nicht.
In wochenlangen Serien
gibt es dort immer Ferien;
denn wenn ihr hier zur Schule geht,
dort oben immer leer sie steht.
Wenn hier die Ferien angefangen,
wird dort zur Schule nur gegangen,
und das ist auch nicht sehr gefährlich,
die Pausen sind fürwahr nicht spärlich.

Der Lehrer, dick und wohlgenährt,
den Kindern nun zunächst erklärt,
wie man den Griffel richtig fasst
und ganz gemächlich, ohne Hast
ein I schreibt oder auch ein U,
vielleicht auch noch ein M dazu.
Das üben nun die Kinder auch,
wie es in jeder Schule Brauch,
auf ihrer Tafel, die zwar klein,
doch auch von Schokolade fein,
mit einem gelben Rand daran
aus allerfeinstem Marzipan.
Die Monika ein bisschen schleckt:
ein Loch in ihre Tafel leckt.
Klein-Inge lutscht den Griffel gar,
er schmeckt ihr wirklich wunderbar.

Im Schulhof draußen an den Bäumen,
man glaubt ja wirklich schön zu träumen:
Bananen, Datteln und Orangen
kann man bequem herunterlangen,
und jeder nimmt, was ihm gefällt:
Ja, schön ist die Schlaraffenwelt.

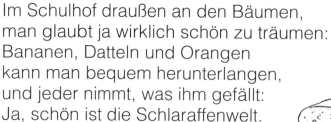

Zum Schlusse wünsch ich: Gute Nacht!
Habt euer Tagwerk ihr vollbracht,
ihr lieben Kinder, wohlgemut,
die Schularbeiten, sind sie gut?
Dann schnell zu Bett, zur süßen Ruh,
die müden Augen schließet zu,
und träumt die Nacht von Spiel und Tand
im lustigen Schlaraffenland,
und von der schönen Schule dort
bis morgen früh in einem fort.

Adolf Löhr

Vor der Türe

Vor der Türe schläft der Baum,
durch den Garten zieht ein Traum.
Langsam schwimmt der Mondeskahn
und im Schlafe kräht der Hahn.
Schlaf, mein Kindchen, schlaf.

alter Kinderreim

97

Backe, backe Kuchen

Backe, backe Kuchen,
der Bäcker hat gerufen!
Wer will guten Kuchen backen,
der muss haben sieben Sachen:

Eier und Schmalz,
Butter und Salz,
Milch und Mehl,
Safran macht den Kuchen gehl.

alter Kinderreim

Der Sandmann und der Urgroßvater

„Bekomme ich nun Geschichten zu hören?", fragte der kleine Friedrich am Samstagabend, sobald der Sandmann ihn in den Schlaf gebracht hatte.

„Diesen Abend haben wir keine Zeit dazu", sagte der Sandmann und spannte seinen schönsten Traum-Regenschirm über ihm auf. „Betrachte nur die Chinesen!" Der ganze Regenschirm sah aus wie eine große chinesische Schale mit blauen Bäumen und spitzen Brücken und mit kleinen Chinesen darauf, die dastanden und mit dem Kopfe nickten. „Wir müssen die ganze Welt für morgen schön ausgeputzt haben", sagte der Sandmann; „es ist ja morgen Sonntag. Ich will die Kirchtürme besuchen, um zu sehen, ob die kleinen Kirchkobolde die Glocken putzen, damit sie hübsch klingen; ich will hinaus auf das Feld gehen und sehen, ob die Winde den Staub von Gras und Blättern blasen, und, was die größte Arbeit ist, ich will alle Sterne herunterholen, um sie zu polieren. Ich nehme sie in meine Schürze; aber erst muss ein jeder nummeriert werden, und die Löcher, worin sie da oben sitzen, müssen auch nummeriert werden, damit sie wieder auf den rechten Fleck kommen, sonst würden sie nicht fest sitzen und wir würden zu viele Sternschnuppen bekommen, weil der eine nach dem andern herunterpurzeln würde!"

„Hören Sie, wissen Sie was, Herr Sandmann?", sagte ein altes Bild, das an der Wand hing, wo Friedrich schlief. „Ich bin Friedrichs Urgroßvater; ich danke Ihnen, dass Sie dem Knaben solche Geschichten erzählen,

aber Sie müssen seine Begriffe nicht verdrehen. Die Sterne können nicht heruntergenommen und poliert werden! Die Sterne sind Kugeln, ebenso wie unsere Erde, und das ist gerade das Gute an ihnen."
„Ich danke dir, du alter Urgroßvater", sagte der Sandmann, „ich danke dir! Du bist ja das Haupt der Familie, du bist das Urhaupt, aber ich bin doch älter als du! Ich bin ein alter Heide; Römer und Griechen nannten mich den Traumgott! Ich bin in die vornehmsten Häuser gekommen und komme noch dahin; ich weiß sowohl mit Geringen wie mit Großen umzugehen! Dann erzähl du eben weiter." Und da ging der Sandmann beleidigt und nahm seinen Regenschirm mit.
„Nun darf man wohl seine Meinung gar nicht mehr sagen!", brummte das Bild. Da erwachte Friedrich.

Hans Chr. Andersen

Der Sturz

Dass die Trennung
möglichst kurz,
die die zwei betroffen,
dass nicht gar zu hart
der Sturz,
nun, wir wollen's hoffen.

Wilh. Busch

Schornsteinfeger

Ist ein Mann in unserm Haus,
ei, ei, ei, wie sieht der aus!
Schwarz ist er wie schwarze Kohle,
schwarz vom Haupte bis zur Sohle.
Auf den Kleidern Ruß ganz dicht
und ganz schwarz sein Angesicht!
Nur die Zähne blendend weiß,
leuchten hell wie Schnee und Eis.
Schwarz wird alles, was er angreift,
dunkel alles, wo er hinstreift.

Wenn auch rußig sein Gesicht,
Kinder, fürchtet ihn doch nicht!
Ist kein böser Mann, kein träger,
ist ja nur der Schornsteinfeger.
Geht geschwind von Haus zu Haus,
fegt Kamine, Schlote aus.
Trägt den Besen, eine Leiter,
immer muss er wieder weiter,
schafft und leistet, was er kann.
Schornsteinfeger, braver Mann!

K. May

Der Hase und der Fuchs

In einem kalten Winter waren einmal Hase und Fuchs gemeinsam unterwegs. Alles war verschneit, nirgendwo gab es ein grünes Blatt für den Hasen oder eine vorwitzige Maus, die dem Fuchs zur Beute gefallen wäre. Mit knurrenden Mägen trotteten sie dahin und der Hase klagte: „Ich könnte meine eigenen langen Ohren anknabbern, wenn sie mir bis in den Mund reichen würden."

Missmutig trabten sie auf dem vereisten Weg entlang, da sahen sie von ferne ein Bauernmädchen mit einem Henkelkorb am Arm kommen. Aus dem Korb zog ihnen der verführerische Duft von frisch gebackenen Semmeln entgegen.

Dem Hasen und dem Fuchs lief das Wasser im Maul zusammen und der Fuchs hatte eine gute Idee, wie sie an die Semmeln kommen könnten: „Leg dich auf die Straße und stell dich tot", sagte er zum Hasen. „Das Mädchen wird den Korb abstellen, um nach dir zu sehen und vielleicht dein Fell abzuziehen, denn aus Hasenfell kann man immerhin Handschuhe machen. Inzwischen schnappe ich mir den Korb und laufe davon und du springst ihr einfach aus den Händen."

Der Hase ließ sich auf die Straße fallen und rührte sich nicht mehr, während der Fuchs sich hinter einer Schneewehe versteckte. Das Mädchen sah den scheinbar toten Hasen und stellte wirklich den Korb ab, um sich das Tier genauer anzuschauen. Als sie sich über den Hasen beugte, huschte der Fuchs aus seinem Versteck, schnappte sich den Semmelkorb und sprang damit ins Feld. Im selben Augenblick wurde der tote Hase wieder sehr lebendig und hoppelte dem völlig verdutzten Mädchen davon.

Er lief hinter dem Fuchs her, doch merkte er bald, dass dieser gar nicht an Stillstehen und Teilen dachte, sondern die Beute für sich allein haben wollte. Das ärgerte den Hasen sehr. Und als sie an einen kleinen Weiher kamen, sagte er zum Fuchs: „Wie wäre es, wenn wir uns zu den Semmeln noch ein paar Fische fangen würden? Häng deinen Schwanz ins Wasser, da werden die Fische bestimmt anbeißen, denn die finden jetzt auch nicht viel zu fressen. Beeile dich aber, bevor der Weiher zufriert." Der Fuchs fand den Vorschlag gut, setzte sich ans Ufer und ließ seinen buschigen Schwanz ins eisige Wasser baumeln. Es dauerte nicht lange, da war der Fuchsschwanz festgefroren und der Fuchs war gefangen. Da begann der Hase, vor seinen Augen ganz genüsslich die Semmeln aufzufressen, eine nach der anderen. Zum Fuchs sagte er: „Warte nur, bis es Frühjahr wird, dann taut es wieder."

Als der Hase davonsprang, bellte der Fuchs wütend hinter ihm her wie ein Hund an der Kette.

alte Fabel

O Vöglein du

O Vöglein du, du hast es gut,
du ziehst mit frohem Wandermut
in hoher Luft dem Süden zu.
O Vöglein, könnt' ich fort wie du!

Wilh. Busch

Flori und sein Schutzengel

„Alle Kinder haben einen Schutzengel", heißt es, und der Flori hat ganz gewiss einen.

Hinter seinem Elternhaus steht eine Weide und neben der Weide ist ein Zaun und hinter dem Zaun fließt der Bach.
„Du darfst auf der Wiese spielen", hatte die Mutter gesagt, „aber nicht am Wasser!" Doch der Kleine vergaß das Verbot bald. Als er durch den Zaun schlüpfte, war ihm, als würde jemand sagen: „Geh nicht weiter!" Aber Flori hörte nicht auf die Stimme, denn auf dem Bach schwammen Enten, und die wollte er aus der Nähe betrachten.

Mit einem Stück Brot lockte er sie an. Die Enten schnappten eifrig nach den Bröcklein. Als Flori sich weit übers Wasser beugte, um eine Ente zu haschen, rief wieder die Stimme: „Gib Acht!" Aber da lag er schon im Bach.

Der kleine Schutzengel, dessen Stimme den Jungen gemahnt hatte, flog übers Wasser und konnte gerade noch einen Zipfel von Floris Jacke erwischen. Triefend vor Nässe und mit schlechtem Gewissen kletterte Flori ans Ufer und nahm sich fest vor, das nächste Mal auf die Stimme seines Engels zu hören.

Lore Hummel

Pudel Maxi

Den Tag weiß Dorle noch genau,
als jene nette fremde Frau
am Hause hielt mit ihrem Wagen.
Ein Körbchen
ward herausgetragen,
drin lag ein kleines Wollebällchen
mit seidig-schwarzem
Lockenfellchen.

Das kleine Ding, es reckte sich,
es schüttelte und streckte sich.
Ein schwarzes Näschen kam hervor,
danach ein kleines Pudelohr,
zwei Augen,
blank und rund wie Perlchen,
und plötzlich
stand das ganze Kerlchen.

Da hüpfte Dorle voll Entzücken,
nichts konnte sie wohl
mehr beglücken.
Kaum wusste sie ein Wort zu sagen,
nur nach dem Namen leis zu fragen,
der aber war von fremdem Klang
und für solch Hundchen viel zu lang.

„Nein, Maxi heißt mein Pudeltier",
rief Dorle, „so gefällt es mir."
Und Mutti sprach: „Ich glaube fast,
dass dieser Name zu ihm passt."
Die Fremde ging,
das Hundchen blieb,
und Dorle hat es schrecklich lieb.

Bald soll zur Schule Dorle gehn,
doch findet sie das
gar nicht schön,
weil Maxi dann alleine ist
und Dorle sicher arg vermisst.
Doch immer näher rückt der Tag,
an den man nicht gern denken mag.

Dann ist er da, der große Morgen,
und Maxi sieht mit schweren Sorgen,
wie Dorle an der Mutter Hand
in fremde Richtung ihm entschwand.
Tieftraurig sind die Hundeaugen,
da kann auch süßer Trost
nichts taugen.

Das wiederholt sich alle Tage
und Maxi stellt die stumme Frage:
Warum nicht wie in alten Zeiten
darf ich beim Ausgang
dich begleiten?
Doch Dorle sagt: „Es kann nicht sein,
ins Schulhaus darfst du nicht hinein."

Doch umso größer ist das Glück,
wenn Dorle mittags kehrt zurück,
dann freut der Maxi sich wie toll,
weiß nicht, was er ihr bringen soll,
springt an ihr hoch,
wirft sich ins Gras
und wälzt aus Freude sich und Spaß.

Liselotte Burger

Plappermäulchen

Du liebes Plappermäulchen,
bedenk dich erst ein Weilchen
und sprich nicht so geschwind.

Du bist wie uns're Mühle
mit ihrem Flügelspiele
im frischen Sausewind.

Wilh. Busch

Die Blümelein, sie schlafen

Worte: um 1840
Weise: Heinrich Isaak

1. Die Blümelein, sie schlafen schon längst im Mondenschein, sie nicken mit den Köpfchen auf ihren Stängelein. Es rüttelt sich der Blütenbaum, er säuselt wie im Traum: Schlafe, schlafe, schlaf ein, mein Kindelein.

2. Die Vögelein, sie sangen
so süß im Sonnenschein,
sie sind zur Ruh gegangen
in ihre Nestchen klein.
Das Heimchen in dem Ährengrund,
es tut allein sich kund.

3. Sandmännchen kommt geschlichen
und guckt durchs Fensterlein,
ob irgendwo ein Liebchen
nicht mag zu Bette sein,
und wo es noch ein Kindchen fand,
streut es ins Aug' ihm Sand.

Das kleine Mädchen mit den Schwefelhölzchen

Es war Silvester. Dichte Schneeflocken fielen und es wurde schon dunkel. Durch die Straße lief ein kleines Mädchen, das keinen Mantel und keine Mütze hatte und an seinen bloßen Füßen keine warmen Socken und keine Stiefel. In seiner Schürze trug es eine ganze Menge Schwefelhölzchen in kleinen Bündeln, die es verkaufen sollte. Aber da an Silvester fast alle Leute zu Hause blieben und sich auf einen festlichen Abend vorbereiteten, hatte das kleine Mädchen nichts verkauft. Und nun wagte es sich nicht nach Hause, weil es Angst vor Schlägen hatte. Außerdem war es zu Hause genauso kalt und düster wie auf der Straße, denn für Heizung und Licht war kein Geld da. Die Fenster der Häuser ringsum dagegen waren hell erleuchtet und der Duft von Gänsebraten drang aus den Küchen bis auf die Straße. Das kleine Mädchen kauerte sich in eine Häuserecke, wo der Wind nicht so kalt hinpfiff, schlug den Rock über die nackten Füße und versuchte, nicht mehr an die Kälte und die Armut und die Traurigkeit zu denken.

„Wenn ich nur ein Schwefelhölzchen anmachen dürfte, wie hell und warm das wäre! Nur ein einziges!"

Es zog ein Hölzchen aus dem Bund, strich es an der Wand an und auf einmal war alles verzaubert. Das kleine Mädchen glaubte, an einem lustig bullernden Ofen zu sitzen und ins helle Feuer zu schauen, und es streckte schon wohlig die Beine aus, um auch die Füße zu wärmen, aber da erlosch das Schwefelhölzchen. Nur die kalte Hauswand blieb übrig und die Schneeflocken, die der Wind um die Ecke fegte.

Das kleine Mädchen strich ein neues Hölzchen an und auf einmal konnte es durch die Hauswand hindurchgehen. Es sah ein großes helles Zimmer, in dem ein Tisch festlich gedeckt war mit einem weißen Tischtuch, feinem Porzellan und funkelnden Gläsern. Und da wurde gerade die Gans aufgetragen, die auf einer silbernen Platte dampfte und umlegt war mit der Füllung aus Äpfeln und Backpflaumen. Schüsseln mit Rotkohl und Klößen wurden auf den Tisch gestellt, goldgelber Wein wurde in die Gläser geschenkt. Da geschah etwas Wunderbares: Die Gans sprang von der Platte und kam mit Messer und Gabel im Rücken auf das hungrige kleine Mädchen zugewackelt, das die Hände danach ausstreckte und sich die Lippen leckte. Aber als es gerade zugreifen wollte, erlosch das Schwefelhölzchen und mit ihm verschwand das Zimmer mit all seinen Herrlichkeiten.

Wieder rieb das Mädchen das Hölzchen an. Jetzt saß es unter einem Christbaum, so groß und leuchtend und mit glitzernden Kugeln und Lametta behängt, wie es noch nie einen gesehen hatte. Nicht einmal der Weihnachtsbaum im großen Kaufhaus der Stadt war so schön gewesen. Sehnsüchtig hob das kleine Mädchen die Arme, aber da erlosch das Hölzchen und die tausend Lichter des Baumes flogen davon, hinauf zum Himmel, wo jetzt die Sterne funkelten. Da löste sich vor den Augen des

Mädchens eine Sternschnuppe und fiel in langem Bogen vom Himmel. „Jetzt stirbt jemand", sagte das Mädchen, denn die liebe alte Großmutter, die vor kurzem gestorben war, hatte erzählt, dass, wenn eine Sternschnuppe fiel, jedes Mal eine Menschenseele dafür zum Himmel stieg. Als das Mädchen ein neues Hölzchen anstrich, stand die Großmutter vor ihm und lächelte es an.

„Nimm mich mit, Großmutter", rief die Kleine. „Geh nicht wieder fort. Ich weiß, du wirst verschwinden, wenn das Flämmchen erlischt, so wie der Ofen, der Gänsebraten und der Weihnachtsbaum verschwunden sind!" Und schnell zündete es ein Hölzchen nach dem anderen an, um die geliebte Großmutter festzuhalten. Und das Licht wurde immer heller und wärmer. Großmutter war so schön wie nie zuvor und sie breitete die Arme aus und hob das kleine Mädchen hoch und trug es mit sich hinauf, hoch, immer höher, bis sie aller Not, Angst und Kälte entflohen waren.

Als der kalte Neujahrsmorgen dämmerte, saß in der Hausecke das kleine Mädchen mit einem Lächeln auf den Lippen. Es war tot. Man fand es und die abgebrannten Schwefelhölzchen, die rundum auf der Straße lagen. „Es hat sich aufwärmen wollen und ist dabei erfroren", sagte man, aber niemand wusste, was es Schönes gesehen und erlebt hatte, ehe es davongeflogen war von der kalten Erde.

Hans Chr. Andersen

Halt dein Rösslein

Halt dein Rösslein nur im Zügel,
kommst ja doch nicht allzu weit.
Hinter jedem neuen Hügel
dehnt sich die Unendlichkeit.

Nenne niemand dumm und säumig,
der das Nächste recht bedenkt.
Ach, die Welt ist so geräumig,
und der Kopf ist so beschränkt.

Wilh. Busch

Gans und Ente

Eine Ente, eine Gans
watscheln hin im Sonnenglanz
durch den grünen, grünen Klee
zu dem hellen, blanken See.

Eine Zeit lang sind sie still,
bis die Ente schnattern will:
„Dumme Gans, o schäme dich,
watschelst ganz absonderlich."

Doch die Gans ist nicht so dumm,
dreht sich nach der Ente um:
„Ente, Ente, schau auf dich,
watschelst ja genau wie ich!"

Und dann watscheln alle beide,
watscheln über Feld und Heide,
watscheln langsam durch die Welt
und es beiden wohlgefällt.

K. May

Dämmerung

Angenehme, süße Düfte
streifen über Flur und Hain,
kühler werden schon die Lüfte,
es erlischt der Sonne Schein.
Dämmer senkt sich sanft hernieder,
legt den Mantel übers Land.
Schon verklungen sind die Lieder,
Vogelzug im Busch verschwand.

Josef Bergmann

Schnuffi

Wir haben einen Hund! Eines Tages, als Renate gerade in der Schule war, sagte Mama zu mir: „Lauf zum Förster hinüber, er hat einen jungen Dackel für uns, den wollen wir deiner Schwester zum Geburtstag schenken!" Vor Freude schlug ich erstmal einen Purzelbaum und machte mich dann sofort mit dem Puppenwagen auf den Weg.

Der Förster hatte schon auf mich gewartet und legte mir gleich den Dackel in die Arme. Winzig klein war der und er wog höchstens ein Pfund. Sein Fell war weich und lockige Schlappohren hatte er.

Ich packte den Hund in den Puppenwagen. Erst wühlte er ja in den Kissen herum, aber dann legte er den Kopf zwischen die Pfoten und guckte neugierig aus dem Wagen. Könnt ihr euch Renates Freude vorstellen, als sie aus der Schule heimkam?

„Wie wollt ihr ihn denn nennen?", fragte Papa. Da der Kleine gerade dabei war, in alle Ecken zu schnuppern und zu schnuffeln, meinte ich, „Schnuffi" wäre ganz passend. „Gute Idee", stimmte Renate zu.

Ab jetzt sorgte Schnuffi für Abwechslung. Am liebsten spielte er mit uns „Fangen" und unsere Hausschuhe mussten in den nächsten Monaten öfter als sonst erneuert werden – sie hatten immer wieder so merkwürdige Löcher.

Als Schnuffi ein halbes Jahr alt war, meinten wir, es wäre an der Zeit, dass er was lernt. Zwar hinterließ er schon lange keine Pfützen mehr auf dem Teppich, aber Männchen machen oder Stöckchen bringen konnte er noch nicht. „Du musst es ihm vormachen", sagte Renate zu mir und schob mir einen Haselstecken zwischen die Zähne. Dann habe ich Männchen gemacht und Renate den Stecken hingehalten – und tatsächlich hat Schnuffi es nach einiger Zeit begriffen und nachgemacht.

Schnuffi ist überhaupt ein kluger Hund und lieb ist er auch. Nur manchmal tut er doch etwas, was er nicht tun sollte, zum Beispiel einem zwischen die Beine rennen, wenn man gerade ein Tablett in der Hand hat, oder Kuchen aus der Speisekammer stibitzen oder sich in meinem Bett verstecken, wenn er etwas angestellt hat.
Aber ihr dürft mir glauben, wir würden Schnuffi nie wieder hergeben.

Lore Hummel

Kobold Butzerich

Weißt du, wo der Kobold wohnt? – Vielleicht kennst du den alten grauen Turm vor der Stadt. Unter dem spitzen Dach hat er vier kleine Fenster, von denen aus man in alle Himmelsrichtungen schauen kann. Der Turm sei unbewohnt, sagen die Leute, aber das stimmt nicht:

Unten, hinter dem hölzernen Tor, haust Schnuffeli, der Hund. Der passt auf, dass kein unerwünschter Besucher hereinkann. Im ersten Stock, den man über eine wurmstichige Treppe erreicht – denn auch Holzwürmer leben in dem Turm –, wohnen die Mäuse Ri, Ra und Rutsch. Vielleicht auch noch einige Verwandte von ihnen, so genau weiß man das nicht.

Einen Stock höher hat sich's die Katze Wuscheli bequem gemacht. Glaubt aber ja nicht, dass im Koboldturm die Katze die drei Mäuse verfolgt oder gar je versucht hätte, sie zu fressen – im Gegenteil: Ri und Ra tanzen ihr auf dem Kopf und auf der Nase herum und Rutsch rutscht ihr gar den Buckel hinunter, was sie sich mit sanftem Schnurren gefallen lässt.

Ganz oben im Turmstübchen aber, von wo aus man die kleine Stadt wie Spielzeug zwischen den Wiesen und Wäldern liegen sieht, wohnt Butzerich, der Kobold. Butzerich hat alles, was sich ein Kobold nur wünschen kann: einen Hut für schlechtes Wetter, Filzpantoffeln und Schnupfensalbe, Teller, Tassen, einen Löffel und Hustentropfen, ein Bettchen und die vier Fensterchen, von denen aus er in alle Himmelsrichtungen schauen kann. Am liebsten aber streift er in der Gegend herum, läutet an den Glockenblumen, spielt Fangen mit den Schmetterlingen, geht einen Käfer besuchen oder denkt sich einen Schabernack aus.

Wenn du das nächste Mal einen Wiesenspaziergang machst, pass auf, ob du ihn entdeckst – einfach ist das natürlich nicht!

Lore Hummel

Ball der Tiere

Mich dünkt, wir geben einen Ball,
sprach die Nachtigall.
So? sprach der Floh.
Was werden wir essen?
sprachen die Wespen.
Nudeln! sprachen die Pudeln.
Was werden wir trinken?
sprachen die Finken.
Bier! sprach der Stier.
Nein, Wein! sprach das Schwein.
Wo werden wir tanzen?
Im Haus! sprach die Maus.
Auf dem Tisch! sprach der Fisch.

volkstümlich

Der Sandmann und die Hummel

Wieder einmal konnte der Sandmann nicht einschlafen. Bei ihm selber nutzt sein Sand nämlich nichts.

Die Sonne stand schon hoch am Himmel und noch immer drehte er sich von einer Seite auf die andere, setzte sich wieder auf, stellte seinen Sack einmal links hin, einmal rechts. Eine Hummel kam angeflogen, die dem Sandmann um die Nase brummte. „Geh weg, ich bin doch keine Blume", sagte er und wedelte mit den Händen, aber das machte der Hummel gar nichts aus. Sie summte fleißig weiter und kam seiner Nase immer näher. Erst wollte sich das Sandmännlein ärgern, aber dann hatte es einen Gedanken. Heimlich holte es ein paar Körnchen aus seinem Sack, und als die Hummel nicht richtig herschaute, warf es ihr den Sand ins Gesicht. Sum-sum-sum – sum-suum-suuum – sum-uah! Die Hummel gähnte, taumelte, plumpste ins Gras und schnarchte bald recht laut. „Das hat geklappt", lachte das Sandmännlein, stellte den Sack hin und legte sich nun selbst befriedigt schlafen.

Und wenn du mal tagsüber eine schlafende Hummel oder eine schlafende Biene oder gar eine schlafende Ameise entdeckst, dann hat sicher wieder einmal das Sandmännlein nicht richtig schlafen können.

nach einer Erzählung von Lore Hummel

Hänschen klein

Hänschen klein
ging allein
in die weite Welt hinein.
Stock und Hut
stehn ihm gut,
ist ganz frohgemut.

Frohgemut marschiert
das Hänschen,
und es kommt ganz flott voran.
Doch bald denkt's:
„Was soll ich laufen,
wenn ich besser fahren kann?"
Darum geht es in ein Haus,
leiht sich einen Roller aus.

Und das Hänschen
saust geschwind,
vorbei an Tälern, Wald und See.
Roller trägt ihn wie der Wind
immer weiter in die Höh'.
Hänschen landet in Tirol,
und dort fühlt sich's wohl.

Die Tiroler Bimmelbahn
bringt das Hänschen
dann gemütlich
Ruckel-Zuckel-Dampf voran,
noch ein bisschen weiter südlich,
und ein Schifflein winkt ihm hier:
Hänschen, komm,
steig ein zu mir!

Irgendwo im fernen Süden
denkt das Hänschen
an zu Haus.
Wär er doch daheim geblieben!
Schnell zurück –
und die Geschicht' ist aus.

nach Lore Hummel

Schlaflied

Sonne ist schon längst geschieden,
kühle Abendwinde wehn,
Sterne blicken keck vom Himmel.
Kinder sollen schlafen gehn.

Ist zur Stunde Nacht geworden,
Wandrer Mond lässt sich nicht flehn,
zieht gehorsam seine Runde.
Kinder wollen schlafen gehn.

Müde sind die Glieder,
bleiern-schwer die Lider,
sehnen sich nach Ruh,
fallen plötzlich zu.
Schlafe, schlaf auch du!

Josef Bergmann

Drei naseweise Mädchen

Es wohnen in dem Städtchen
drei naseweise Mädchen,
die plappern, plappern immerzu
und keiner hat vor ihnen Ruh.

Sie plappern dies und plappern das
und wissen über jeden was,
zum Beispiel über Stefans Kater
und über Lenes Urgroßvater.

Sie spotten über Lehrer Bick
und das Fräulein Nudeldick,
über den Zauberer noch mehr.
Dem jedoch missfällt das sehr.

Als er sie wieder plappern hört,
die Ann, die Gret, die Ilse,
da schwingt er seinen Zauberstab
und macht aus ihnen Pilze.

Lore Hummel

Der süße Brei

In einer Stadt lebte einmal ein armes Mädchen mit seiner Mutter. Sie hatten schon seit Tagen nichts Richtiges mehr zu essen gehabt und waren sehr hungrig. Da ging das Mädchen in den Wald, um nach Pilzen und Beeren zu suchen. Dort begegnete es einer alten Frau. Sie gab ihm einen kleinen Topf und sagte: „Wenn du zu diesem Topf sagst: ‚Töpfchen koche', dann wird er dir Brei kochen, so viel du willst, und wenn du sagst: ‚Töpfchen steh', dann hört er auf zu kochen."

Das Mädchen bedankte sich und ging fröhlich mit dem unerwarteten Geschenk nach Hause. Dort probierte es den Wundertopf gleich aus und endlich wurden Mutter und Tochter wieder einmal richtig satt. Von da an hatten sie keine Not mehr. Einmal war das Mädchen ausgegangen, da bekam die Mutter Hunger und sagte: „Töpfchen koche!" Der Topf kochte ihr Brei, sie aß, und dann wollte sie ihn wieder zum Stillstand bringen, aber sie wusste das richtige Wort nicht. Da kochte der kleine Topf immer weiter: erst die ganze Küche voll, dann zum Fenster hinaus und in die Diele, in die anderen Zimmer des Häuschens, schließlich auf die Straße, in die Nachbarhäuser, als hätten alle Leute auf einmal riesigen Hunger auf Brei. Und die Leute konnten sich kaum retten vor dem süßen Brei und liefen vor ihm davon wie vor einer Lawine, die sie begraben will. Die halbe Stadt lag schon unter dem Brei erstickt, als endlich das Mädchen wiederkam und leise sagte: „Töpfchen steh!" Da hörte der Topf auf zu kochen. Aber viele Leute mussten sich erst einmal in ihre Häuser zurückessen.

Brüder Grimm

Der Mond ist aufgegangen

Worte: Matthias Claudius
Weise: Joh. A. Schulz

1. Der Mond ist auf-ge-gan-gen, die gold-nen Stern-lein pran-gen am Him-mel hell und klar, der Wald steht schwarz und schwei-get und aus den Wie-sen stei-get der wei-ße Ne-bel wun-der-bar.

2. Wie ist die Welt so stille
und in der Dämmrung Hülle
so traulich und so hold
als eine stille Kammer,
wo ihr des Tages Jammer
verschlafen und vergessen sollt.

3. Seht ihr den Mond dort stehen?
Er ist nur halb zu sehen
und ist doch rund und schön.
So sind wohl manche Sachen,
die wir getrost belachen,
weil unsre Augen sie nicht sehn.

4. Wir stolzen Menschenkinder
sind eitel arme Sünder
und wissen gar nicht viel.
Wir spinnen Luftgespinste
und suchen viele Künste
und kommen weiter von dem Ziel.

5. So legt euch denn, ihr Brüder,
in Gottes Namen nieder,
kalt ist der Abendhauch.
Verschon uns, Gott, mit Strafen
und lass uns ruhig schlafen
und unsern kranken Nachbarn auch.

Tischlein deck dich

Vor Zeiten lebte ein Schneider, der drei Söhne hatte und nur eine einzige Ziege. Aber die Ziege, weil sie alle zusammen mit ihrer Milch ernährte, musste ihr gutes Futter haben und täglich hinaus auf die Weide geführt werden. Die Söhne taten das auch nach der Reihe. Einmal brachte sie der älteste auf den Kirchhof, wo die schönsten Kräuter standen. Er ließ sie herumspringen und fressen. Abends fragte er: „Ziege bist du satt?" Die Ziege antwortete: „Ich bin so satt, ich mag kein Blatt, meh! meh!"

„So komm nach Haus", sprach der Junge und führte sie in den Stall. „Nun, hat die Ziege ihr gehöriges Futter?", fragte der alte Schneider. „Oh", antwortete der Sohn, „die ist so satt, sie mag kein Blatt." Der Vater wollte sich aber selbst überzeugen, ging hinab in den Stall, streichelte das Tier und fragte: „Ziege bist du satt?" Die Ziege antwortete: „Wovon soll ich satt sein? Ich sprang nur über Gräbelein und fand kein einzig Blättelein, meh! meh!" „Was muss ich hören!", rief der Schneider, lief hinauf und sprach zu dem Jungen: „Ei, du Lügner sagst, die Ziege wäre satt, und hast sie hungern lassen!", und in seinem Zorn nahm er die Elle von der Wand und jagte ihn mit Schlägen aus dem Haus.

Am anderen Tag war die Reihe am zweiten Sohn, ihm erging es genauso und schließlich auch dem dritten. Der alte Schneider war nun mit seiner Ziege allein. Da ging er hinab in den Stall. „Komm, mein liebes Tierlein, ich will dich selbst zur Weide führen", sprach er. Er ließ sie weiden bis zum Abend. Dann führte er sie in den Stall. Aber die Ziege machte es ihm nicht besser und rief, als er sie frug: „Wie sollt ich satt sein? Ich sprang nur über Gräbeiein und fand kein einzig Blättelein, meh! meh!"

Als der Schneider das hörte, stutzte er und sah wohl, dass er seine drei Söhne ohne Ursache verstoßen hatte. „Wart", rief er, „du undankbares Geschöpf." Dann holte er die Peitsche und schlug auf sie ein, dass sie in gewaltigen Sprüngen davonlief.

Der Schneider, als er so ganz einsam in seinem Hause saß, verfiel in große Traurigkeit und hätte seine Söhne gerne wieder gehabt. Der älteste war zu einem Schreiner in die Lehre gegangen, da lernte er fleißig und unverdrossen, und als seine Zeit herum war, schenkte ihm sein Meister ein Tischlein, das gar kein besonderes Aussehen hatte, aber eine gute Eigenschaft besaß. Wenn man es hinstellte und sprach: „Tischlein deck dich", so war es im Nu mit den schönsten Speisen bedeckt. Guter Dinge zog er in der Welt umher und kehrte dann zu seinem Vater zurück, der ihn mit großer Freude empfing.

nach Brüder Grimm

Ade zur guten Nacht

Aus Mitteldeutschland

1. Ade zur guten Nacht, jetzt wird der Schluss gemacht, dass ich muss scheiden. Im Sommer wächst der Klee, im Winter schneit's den Schnee, da komm ich wieder.

2. Es trauern Berg und Tal,
wo ich vieltausendmal
bin drüber 'gangen;
das hat deine Schönheit gemacht,
die hat mich zum Lieben gebracht
mit großem Verlangen.

3. Das Brünnlein rinnt und rauscht
wohl unterm Holderstrauch,
wo wir gesessen;
wie manchen Glockenschlag,
da Herz bei Herzen lag,
das hast du vergessen.

4. Die Mädchen in der Welt
sind falscher als das Geld
mit ihrem Lieben.
Ade zur guten Nacht!
Jetzt wird der Schluss gemacht,
dass ich muss scheiden.

Der Fuchs und der Storch

Der Fuchs, obwohl als Geizhals bekannt, lud seinen Nachbarn, den Storch, zum Abendessen ein. Doch er servierte ihm nur klare Brühe in einem flachen Teller. Der Storch stocherte vergeblich mit seinem langen spitzen Schnabel darin herum und musste hungrig wieder nach Hause gehen, während der Fuchs sich genüsslich das Maul leckte.

Kurz danach bat der Storch zu einem Gegenbesuch. Der Fuchs kam mit großem Appetit und schnupperte entzückt den Duft des Fleisches, das der Storch zubereitet hatte. Doch dann wurde das Essen in einer langen schmalen Flasche serviert, die geschaffen war für Storchenschnäbel, aber viel zu eng war für eine Fuchsschnauze. Beschämt klemmte der Fuchs den Schwanz ein, ließ die Ohren hängen und trottete mit knurrendem Magen nach Hause.

alte Fabel

Kuh im Schwalbennest

Eine Kuh, die saß im Schwalbennest
mit sieben jungen Ziegen,
die feierten ihr Jubelfest
und fingen an zu fliegen.

Der Esel zog Pantoffeln an,
ist übers Haus geflogen,
und wenn das nicht die Wahrheit ist,
so ist es doch gelogen.

volkstümlich

Winterszeit

Seht ihr dort auch die Vögelein
auf den verschneiten Zweigen?
Der Frost, der dringt
durch Mark und Bein;
sie frieren, hungern, schweigen.
Wir bauen Häuschen, streuen Brot,
damit sie sich erquicken
und uns dann nach des Winters Not
mit ihrem Sang beglücken.

Josef Bergmann

Was ist der Grund?

Die Sonne guckt keck vom Himmelszelt,
der Tag jetzt seinen Einzug hält.
Es wäscht sich Miezekätzchen Miau.
Es bellt vergnügt das Hündchen Wau.
Das Vöglein zwitschert im Geäst.
Ja, alles schafft und werkt nun fest.

Nur du, mein Püppchen Honigmund,
du schläfst und schläfst – was ist der Grund?

Der Mond guckt keck vom Himmelszelt,
die Nacht jetzt ihren Einzug hält:
Es schläft das graue Kätzchen Miau.
Es schläft das braune Hündchen Wau.
Es schläft das Vöglein im Geäst.
Ja, alles schläft nun friedlich, fest.

Nur du, mein Püppchen Honigmund,
du schläfst noch nicht – was ist der Grund?

Josef Bergmann

Vogelzauber

Der kleine Stefan sitzt am Bach,
verträumt schaut er den Fischlein nach
und denkt sich voll Verlangen:
„Die möcht ich gerne fangen."

Er taucht sein Netz tief in die Flut
und zieht's heraus – der Fang ist gut:
Viel' Fischlein zappeln drin umher,
dem Stefan, dem gefällt das sehr!

Ein Zauberer sieht's und denkt entsetzt:
„Die gehn ja alle ein!
Drum mach ich aus den Fischen jetzt
viel' bunte Vögelein."
Und wenn du mal ein Vöglein triffst,
das bunt ist ganz und gar –
vielleicht ist's eins aus Stefans Netz,
das mal ein Fischlein war.

Lore Hummel

Bubenträume

Zur Arbeit
ist kein Bub geschaffen,
das Lernen findet er nicht schön;
er möchte träumen, möchte gaffen
und Vogelnester suchen gehn.

Er liebt es,
lang im Bett zu liegen.
Und wie es halt im Leben geht,
grad' zu den frühen Morgenzügen
kommt man am leichtesten zu spät.

Wilh. Busch

Das Dörflein ruht

Das Dörflein ruht im Mondenschimmer,
die Bauern schnarchen fest wie immer;
es ruhn die Ochsen und die Stuten,
und nur der Wächter muss noch tuten.

Wilh. Busch

Igel

Vater fand im Roggenfeld
eine wunderliche Welt!
Sieben Iglein, klein und zart,
ruhn im Neste wohl bewahrt.

Liegen still und sonder Harm
in dem Neste weich und warm.
Sehen gar so putzig aus,
blinzeln in die Welt hinaus.

Schaut, ihr Leute, schaut nur, schaut,
rosarot ist ihre Haut!
Ihre Stacheln, weiß und grau,
stechen scharf und spitz genau.

Würmer, Schnecken, Vogelbrut
schmecken ganz besonders gut.
Samen, Beeren, eine Maus
schlagen Igelein nicht aus.

Und sie futtern, schmatzen laut,
still vergnügt ein jedes kaut.
Schmatzen, futtern immerzu
ohne Rast und ohne Ruh.

Wenn man stört die Igelein,
rollen sie sofort sich ein.
Sieben Iglein, klein und zart,
lasst im Nest sie wohl bewahrt!

K. May

Kindergebet

Lieber Gott und Engelein,
lasst mich fromm und gut sein,
lasst mir doch auch mein Hemdlein
recht bald werden viel zu klein.

aus „Des Knaben Wunderhorn"

Müdes Sandmännlein

Unser liebes
Sandmännlein
kehrt am Morgen
müde heim,
schließt von innen
fest das Tor,
legt sich dann
sogleich aufs Ohr,
schläft bis abends
um halb acht,
lieber Sandmann,
gute Nacht!

Lore Hummel

Inhaltsverzeichnis

A B C	92		Der süße Brei	124
Abend wird es wieder	8		Der Wolf und die	
Ade zur guten Nacht	128		sieben jungen Geißlein	54
Apfellied	46		Der Zauberer Klimbim	68
Armer Künstler	84		Die Ammenuhr	77
Auf dem Berge	8		Die Blümelein, sie schlafen	109
			Die Elfe	11
Backe, backe Kuchen	98		Die Fee	18
Ball der Tiere	118		Die Jahreskinder	31
Bubenträume	133		Die kluge Bauerntochter	15
			Die Mäusehochzeit	88
Dämmerstunde	34		Die Nymphe	66
Dämmerung	114		Die sieben Schwaben	22
Däumelinchen	49		Die Sterntaler	9
Das Dörflein ruht	134		Die Zeit	32
Das kleine Mädchen mit			Die Zottelkinder	25
den Schwefelhölzchen	109		Drei naseweise Mädchen	123
Das Lumpengesindel	32			
Das Nusszweiglein	38		Ein Ständchen	63
Das Schwein	89		Eine traumhafte Schiffsreise	56
Der Fuchs und der Storch	128		Es regnet	56
Der Graben	68			
Der gute Onkel Mond	12		Flori und sein Schutzengel	105
Der Hase und der Fuchs	102		Friedrichs Traumreise	10
Der Hase und der Igel	73		Froschkonzert	42
Der Hasenhüter und die				
Königstochter	63		Gans und Ente	112
Der holde Mond	67		Gestern Abend	47
Der kleine Däumling	70		Guten Abend, gut' Nacht	5
Der Mond ist aufgegangen	125			
Der Sandmann	12		Hänschen klein	120
Der Sandmann			Hänsel und Gretel	36
und der Urgroßvater	99		Halt dein Rösslein	112
Der Sandmann			Hampelmann	21
und die Buchstaben	67		Hans im Glück	26
Der Sandmann			Hört, ihr Herrn	14
und die Hummel	118			
Der Schweinehirt	89		Igel	134
Der Sturz	100		Im Schlaraffenland	94
			In freier Luft	58

Kindergebet	136
Kobold Butzerich	117
Kuh im Schwalbennest	129
Laternenlied	76
Leise, Hänschen	52
Leise, Peterle, leise	72
Müde bin ich, geh zur Ruh	15
Müdes Sandmännlein	136
O Vöglein du	104
Pardauz	57
Plappermäulchen	107
Pudel Maxi	106
Rotkäppchen	44
Rumpelstilzchen	81
Sandmännchen ist gekommen	30
Sandmännlein	13
Schäfer, sag	46
Schlaf, Kindchen	81
Schlaf, Kindchen, schlaf	48
Schlaf, mein Kind	29
Schlaf, mein Püppchen	80
Schlaflied	122
Schmetterlinge	84
Schneewittchen	6
Schnuffi	114
Schornsteinfeger	100
Sterne reihen sich an Sterne	62
Teddy, Till und Oldy	58
Tischlein deck dich	126
Überraschung	41
Unsere Familie	26
Vogelzauber	132
Vom Sandmännlein, das nicht schlafen konnte	86
Vor der Türe	97
Was ist der Grund?	130
Weißt du, wie viel Sternlein	93
Wenn einer meint	61
Wer hat die schönsten Schäfchen?	19
Wettlauf	73
Winterszeit	130
Zauberer Bimslabim	24
Zauberhafte Träume	78
Zwerge	11